江苏省高速公路养护人员培训教材

Liqing Lumian Yanghu Shigong Jishu
沥青路面养护施工技术
(Xianchang Yanghu Jishu Gongren)
(现场养护技术工人)

李永成　蒋　玲　赵伟强　张　澄　编著
张　毅　吴赞平　主审

人民交通出版社股份有限公司
北京

内 容 提 要

本书针对沥青路面的常见病害,如裂缝、坑槽、松散、沉陷、车辙、桥头跳车等,有针对性地介绍了沥青路面裂缝维修施工技术、沥青路面挖补技术、薄层热拌沥青混凝土罩面技术、桥头处沥青路面维修技术、沥青路面热再生等养护技术。

本书可供公路沥青路面养护技术人员学习使用,也可供相关专业学生、工程技术人员参考。

图书在版编目(CIP)数据

沥青路面养护施工技术. 现场养护技术工人 / 李永成等编著. — 北京:人民交通出版社股份有限公司,2020.10
ISBN 978-7-114-16299-2

Ⅰ. ①沥… Ⅱ. ①李… Ⅲ. ①沥青路面—路面养生②沥青路面—路面施工 Ⅳ. ①U418.6②U416.217

中国版本图书馆 CIP 数据核字(2020)第 014447 号

江苏省高速公路养护人员培训教材

书　　　名:	沥青路面养护施工技术(现场养护技术工人)
著　作　者:	李永成　蒋　玲　赵伟强　张　澄
责任编辑:	任雪莲
责任校对:	孙国靖　宋佳时
责任印制:	刘高彤
出版发行:	人民交通出版社股份有限公司
地　　　址:	(100011)北京市朝阳区安定门外外馆斜街 3 号
网　　　址:	http://www.ccpcl.com.cn
销售电话:	(010)59757973
总 经 销:	人民交通出版社股份有限公司发行部
经　　　销:	各地新华书店
印　　　刷:	北京交通印务有限公司
开　　　本:	787×1092　1/16
印　　　张:	8.25
字　　　数:	192 千
版　　　次:	2020 年 10 月　第 1 版
印　　　次:	2020 年 10 月　第 1 次印刷
书　　　号:	ISBN 978-7-114-16299-2
定　　　价:	29.00 元

(有印刷、装订质量问题的图书由本公司负责调换)

前　言

目前,江苏省高速公路养护需求日益突显,养护工作量呈现井喷式增长,这使得本已滞后的养护工作显得更加落后于高速公路发展的需求。现阶段养护工作的主要突出问题表现在:养护管理滞后、养护法规及制度不完善、机械化水平较低、"管养一体"和"管养分离"两种管理模式并存、养护管理人员素质有待提高。因此,亟需建立完整的高速公路养护体系,使高速公路养护工作在体系框架下能够程序化、标准化、精细化、科学化地运行。

高速公路养护体系的建立主要是养护标准体系的建立,按照实施主体,可分为养护管理标准化、养护施工标准化及养护监理标准化,而养护施工标准化文件作为其他两个标准化文件的基础和实施对象应先期制定。通过高速公路养护施工标准化文件的制定与实施,可以解决目前高速公路养护施工中的诸多问题。例如,通过对江苏省高速公路常用养护施工方法制定标准,统一施工程序,可规范和提高施工技术水平;使养护施工管理有据可依,便于养护工作的评价与考核,系统地提高养护管理水平;可以有效地缩短施工时间,节约施工材料、劳动力资源和机械台班,减少重复工作和返工,从而提高效率、节约资源,实现绿色养护理念;通过"贯标"使企业的管理水平得到提升,从而实现企业自身价值的提升,提高企业的市场竞争能力;通过养护标准化系列文件的制定和实施,全面提升江苏省养护施工、管理水平,形成具有江苏特色的高速公路养护体系,从而树立江苏交通形象,形成独特的江苏交通文化。

根据江苏省高速公路养护体系标准化要求,江苏交通控股有限公司与南京交通职业技术学院共同完成了"江苏省高速公路养护标准化体系研究与实践"课题,并以优秀等次通过江苏省科学技术成果鉴定。以此课题为依据,两个单位共同编写了系列培训教材,旨在培养江苏省高速公路养护作业人员按照标准流程及工艺对高速公路进行养护作业与管理。本书为系列培训教材之一,主要针对现场养护技术工人对高速公路沥青路面现场养护施工作业开展培训,侧重于养护施工控制与管理。

本书具有以下特点：

(1)根据课题成果编写，具有较强的原创性。其中，标准养护作业方法、管理程序及表格为课题的直接研究成果。

(2)知识体系针对性较强，主要针对江苏省高速公路沥青路面养护技术人员进行培训，以解决工程实际问题。

(3)本书是江苏省高速公路养护人员培训教材之一。沥青路面养护是江苏省高速公路养护任务中最重要的部分。

本书按照现场养护施工技术工人的施工程序及管理要求，分为7个项目，内容如下：

项目1　沥青路面养护管理基础知识。主要介绍了沥青路面类型及结构、沥青路面常见病害类型及形成原因、沥青路面路况调查和评定方法、沥青路面日常养护要求、沥青路面常见病害及处治措施等。

项目2　高速公路沥青路面养护作业控制区。主要介绍了养护作业区一般规定、养护作业控制区布置等。

项目3　沥青路面裂缝维修施工技术。主要介绍了直接灌缝施工技术、开槽灌缝施工技术、贴缝带封缝施工技术、注射封缝施工技术等的适用范围、工艺流程、控制要点、技术要求，以及沥青路面裂缝维修养护质量标准等。

项目4　沥青路面挖补技术。主要介绍了沥青路面挖补技术的适用范围、工艺流程、控制要点及技术要求，养护质量评价及缺陷处理方法，工程计量及安全文明生产要求等。

项目5　薄层热拌沥青混凝土罩面技术。主要介绍了薄层罩面技术的适用范围及特点，以及人、料、机的要求，薄层热拌沥青混凝土罩面技术流程及质量评价、验收与计量等。

项目6　沥青路面桥头跳车的处治技术。主要介绍了桥头搭板脱空注浆施工技术原理、注浆施工主要技术指标、施工前准备、施工流程、质量控制要点、养护质量评价、验收与计量，桥头处沥青路面养护技术的工艺流程、施工技术要求、养护质量评价、验收与计量等。

项目7　沥青路面热再生。主要介绍了沥青路面热再生的概念、适用范围、就地热再生优缺点、沥青路面就地热再生施工流程，沥青路面厂拌热再生施工技术的适用范围、施工准备要求、机械设备要求、工艺流程和技术要求、养护质量评价、验收与计量。

本书由南京交通职业技术学院李永成、蒋玲、赵伟强及江苏交通控股有限公司张澄共同编写,由江苏交通控股有限公司吴赞平和南京交通职业技术学院张毅主审。其间得到江苏交通控股有限公司相关部门的大力支持与帮助,在此一并表示感谢。

限于编者水平,书中难免有不足之处,恳请读者批评指正。

编 者
2020 年 5 月

目 录

项目1 沥青路面养护管理基础知识 ·· 1
  任务1.1 沥青路面的基本概念 ·· 1
  任务1.2 沥青路面技术状况调查与评定 ·································· 4
  任务1.3 沥青路面日常养护的要求 ······································ 13
  任务1.4 沥青路面常见病害及处治措施 ·································· 17
  思考题 ·· 27

项目2 高速公路沥青路面养护作业控制区 ···································· 28
  思考题 ·· 32

项目3 沥青路面裂缝维修施工技术 ·· 33
  任务3.1 直接灌缝施工技术 ·· 33
  任务3.2 开槽灌缝施工技术 ·· 35
  任务3.3 贴缝带封缝施工技术 ·· 38
  任务3.4 注射封缝施工技术 ·· 40
  任务3.5 沥青路面裂缝维修养护质量标准 ································ 42
  思考题 ·· 49

项目4 沥青路面挖补技术 ·· 50
  思考题 ·· 64

项目5 薄层热拌沥青混凝土罩面技术 ·· 65
  思考题 ·· 83

项目6 沥青路面桥头跳车的处治技术 ·· 84
  任务6.1 桥头搭板脱空注浆施工技术 ···································· 84
  任务6.2 桥头跳车处沥青路面的维修技术 ································ 92
  思考题 ·· 100

项目7 沥青路面热再生 ·· 101
  任务7.1 沥青路面就地热再生 ·· 101
  任务7.2 沥青路面厂拌热再生施工技术 ·································· 105
  思考题 ·· 121

参考文献 ·· 122

项目1 沥青路面养护管理基础知识

任务1.1 沥青路面的基本概念

掌握高速公路沥青路面的基本概念。

高速公路沥青路面的基本概念和特点。

一、沥青路面的定义及特点

沥青路面是以沥青为结合料,黏结各种矿料所修筑的路面结构。由于其面层使用沥青结合料,因而增加了矿料间的黏结力,提高了混合料的强度和稳定性,使路面的使用质量和耐久性都得到了提高,因而被广泛用于高等级公路中,如图1-1所示。

图1-1 沥青路面

1. 优点

沥青路面表面平整无接缝,行车震动小,噪声低,开放交通快,养护简便,材料可循环利用,适宜路面分期修建。

2. 缺点

沥青路面温度敏感性较高。夏季沥青路面强度下降,若控制得不好会使路面出现发软、泛油或推移剪裂破坏,如图1-2所示。低温时沥青路面材料变脆,可能引起路面开裂,如图1-3所示。

图1-2 泛油

图1-3 开裂

二、沥青路面的结构及分类

1. 沥青路面的结构

沥青路面结构层可由面层、基层和底基层组成,如图1-4所示。

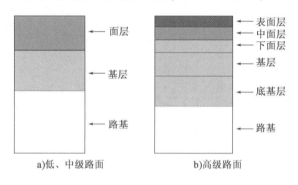

图1-4 沥青路面结构层组成

（1）面层是直接承受车轮荷载反复作用和自然因素影响的结构层,可由1～3层组成。表面层应根据使用要求设置抗滑耐磨、密实稳定的沥青层;中面层和下面层应根据公路等级、沥青层厚度及气候条件等选择适当的沥青结构层。

（2）基层是设置在面层之下,并与面层一起将车轮荷载的反复作用传递到路基,起主要承重作用的层次。基层材料的强度指标要求较高。基层视公路等级或交通量的需要可设置一层或两层。当基层较厚需分两层施工时,可分别称为基层和底基层。

（3）在路基与基层（或底基层）之间有时会设置功能层,起排水、隔水、防冻、防污等作用。

2. 沥青路面的分类

沥青路面有着多种分类方法。

(1) 按强度构成原理,沥青路面可分为密实和嵌挤两类。

密实类沥青路面（图1-5）的集料级配按最大密实原则设计,颗粒尺寸多样,其强度和稳定性主要取决于混合料的黏聚力和内摩阻力。

嵌挤类沥青路面(图1-6)采用的是颗粒尺寸较为均一的集料,路面的强度和稳定性主要由集料颗粒之间相互嵌挤所产生的内摩阻力决定,而黏聚力只起次要作用。嵌挤类沥青路面比密实类路面的热稳定性要好,但孔隙率大,易渗水,因而耐久性差。

图1-5 密实类

图1-6 嵌挤类

按级配原则构成的沥青混合料,其结构如图1-7所示,通常可分为下列3种结构:

①悬浮密实结构。由连续级配矿质混合料组成的密实混合料,由于材料从大到小连续存在,并且各有一定数量,实际上同一档较大颗粒都被较小一档颗粒挤开,大颗粒以悬浮状态处于较小颗粒之中。这种结构通常按最佳级配原理进行设计,密实度与强度较高,但受沥青材料的性质和物理状态的影响较大,故稳定性较差。

②骨架空隙结构。较粗石料彼此紧密相接,较细粒料的数量较少,不足以充分填充空隙。因此,沥青混合料的空隙较大,石料能够充分形成骨架。在这种结构中,粗集料之间的内摩阻力起着重要的作用,其结构强度受沥青的性质和物理状态的影响较小,因而稳定性较好。

③骨架密实结构。它是综合以上两种方式组成的结构。沥青混合料中既有一定数量的粗集料形成骨架,又根据粗料空隙的多少加入细料,形成较高的密实度。间断级配就是按此原理构成。

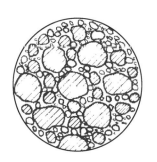
a)悬浮密实结构

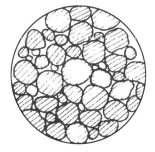
b)骨架空隙结构

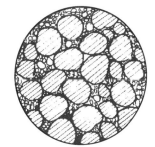
c)骨架密实结构

图1-7 沥青混合料组成结构类型

(2)按施工工艺,沥青路面可分为层铺法、路拌法和厂拌法3类。

①层铺法。分层洒布沥青、分层铺撒矿料和碾压的方法修筑(图1-8)。

②路拌法。在路上用机械将矿料和沥青材料就地拌和摊铺和碾压密实(图1-9)。

③厂拌法。即一定级配的矿料和沥青材料在工厂用专用设备加热拌和,然后送到工地摊铺碾压而成(图1-10)。

图1-8　层铺法

图1-9　路拌法

图1-10　厂拌法

(3)按技术特性,沥青路面可分为沥青混凝土路面、沥青碎石路面、沥青贯入式路面和沥青表面处治等。

任务1.2　沥青路面技术状况调查与评定

学习目标

沥青路面技术状况调查的内容和方法。

学习重点

沥青路面技术状况调查的内容及评价指标。

根据现行《公路技术状况评定标准》(JTG 5210),公路技术状况用公路技术状况指数MQI(Maintenance Quality Indicator)表示,它包含路面、路基、桥隧构造物和沿线设施四部分内容,如图1-11所示,各指标的值域为0~100。

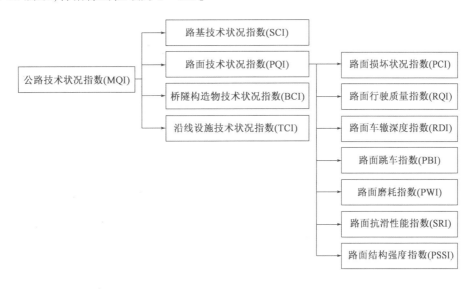

图1-11 公路技术状况评价指标

一、公路技术状况评价等级的概念

1. 公路技术状况评价等级的划分

公路技术状况可分为优、良、中、次、差5个等级。公路技术状况等级按表1-1规定的标准确定。

公路技术状况等级划分标准　　　　　表1-1

评定指标	优	良	中	次	差
MQI	≥90	≥80,<90	≥70,<80	≥60,<70	<60

公路技术状况指数MQI及分项指标值均应保持在80以上。当MQI及分项指标值低于80时,必须采取相应的维修措施,改善路况,提高公路的服务水平。

2. 公路技术状况调查及评定单元的确定

公路技术状况检测以1000m路段为基本检测或调查单元。在路面类型、交通量、路面宽度和养管单位等变化处,检测(或调查)单元的长度不受此规定限制。

公路技术状况数据按上行方向(桩号递增方向)和下行方向(桩号递减方向)分别检测。二、三、四级公路可不分上、下行方向检测与调查。

3. MQI的确定方法

公路技术状况检测与调查包括路基、路面、桥隧构造物和沿线设施4部分内容。在MQI中,路面部分权重为0.70,路基部分权重为0.08,桥隧构造物部分权重为0.12,沿线设施部分权重为0.10。

所以,养路工作的中心环节是养护好路面,这也是路面养护质量考核的首要对象。

二、沥青路面技术状况的调查

1. 路面技术状况调查的目的

路面技术状况调查就是运用各种仪器设备,按照规定的调查频率对路面状况各项指标进行检测,以了解路面的状况,为建立路面管理系统积累数据并进行评价,为制订维护处治方案及年度计划、提高科学管理水平提供依据。

2. 路面技术状况调查内容和调查方法

路面状况也称为路面使用性能,是指路面在被调查、评价时所具有的外观和内在的状态。现有路面数据采集应由地(市)级公路管理机构负责组织,由县级公路部门组成测试小组进行,或者委托专门的检测机构进行。参与数据采集的人员必须严肃认真,有较丰富的养护路面实践经验,并熟悉路面病害类型区分,确保数据真实、可靠。

对于沥青路面,路面技术状况调查包括路面损坏、路面平整度、路面车辙、路面跳车、路面磨耗、路面抗滑性能和路面结构强度7项内容。其中,路面结构强度为抽样检测指标。

(1) 路面损坏状况调查

路面损坏的检测指标为破损率(DR)。路面损坏状况检测,宜采用自动化的快速检测方法,当条件不具备时,可人工检测。

自动化的快速检测可通过多功能路况快速检测系统(CiCS)设备自动检测。当采用自动化快速检测设备检测沥青路面表面损坏时,从效率和效益的角度考虑,必须使用如路面损坏识别系统(CiAS)等机器自动识别技术;当采用快速检测设备检测路面损坏时,应纵向连续检测,横向检测宽度不得小于车道宽度的70%。检测设备应能够分辨1mm以上的路面裂缝,检测结果宜采用计算机自动识别,识别准确率应达到90%以上。

当采用人工方法调查时,调查范围应包含所有行车道,按规定的损坏类型实地调查。有条件的地区,可借助便携式路况数据采集仪进行现场调查、汇总、计算与评定。紧急停车带按路肩处理。

路面损坏检测数据应以100m(人工检测)或10m(快速检测)为单位长期保存。

(2) 路面车辙状况调查

为了应对高速公路及一级公路不断出现的路面车辙问题,现行《公路技术状况评定标准》(JTG 5210)将路面车辙列为独立的检测指标,路面车辙用路面车辙深度指数(RDI)评价。与此同时,在实施高速公路和一级公路沥青路面技术状况评定时,路面车辙损坏不再重复计算。

路面车辙宜采用快速检测设备,可结合路面损坏和路面平整度一并检测。路面车辙检测设备必须定期标定,每年至少标定一次。根据断面数据计算路面车辙深度(RD),计算结果应以10m为单位长期保存。

(3) 路面平整度调查

路面平整度的检测指标为国际平整度指数(IRI)。路面平整度检测宜采用快速检测设备,可结合路面损坏和车辙一并检测。

路面平整度的检测设备分为断面类及反应类两大类。其中,断面类检测设备是测定路面表面凹凸情况的一种仪器,如最常用的3m直尺及连续式平整度仪。反应类检测设备是测定由于路面凹凸不平引起车辆颠簸的情况,这是驾驶员和乘客直接感受到的平整度指标,因此,它实际上是舒适性能指标。最常用的检测仪器是车载式颠簸累积仪。

平整度测试方法比较见表1-2,各种方法的测定结果应建立与国际平整度指数之间的对应关系。

平整度测试方法比较　　　　　　　　　表1-2

方　法	特　点	技术指标
3m直尺法	设备简单,结果直观,间断测试,工作效率低,反映凹凸程度	最大间隙 $h(mm)$
连续式平整度仪法	设备较复杂,连续测试,工作效率高,反映凹凸程度	标准差 $\sigma(mm)$
颠簸累积仪法	设备复杂,工作效率高,连续测试,反映舒适性	单向累计值 VBI (cm/km)

沥青路面平整度调查时,为提高效率,可采用连续式平整度仪法测定平整度。连续式平整度仪是我国测定路面平整度的常用仪器,其主要优点是可沿路面连续测量。它一般采用先进的计算机处理技术,可自动计算、自动打印、自动显示路面平整度的标准差、正负超差等各项技术指标,并绘出路面平整度偏差曲线。

(4) 路面跳车调查

路面跳车自动化检测应采用断面类检测设备。检测指标应为路面跳车PB,每10m应计算1个统计值。

(5) 路面磨耗调查

路面磨耗调查应采用断面类检测设备。检测位置应为车道的左轮迹带、右轮迹带和无磨损的车道中线。检测指标应为路面构造深度MPD,每10m应计算1个统计值。

(6) 路面抗滑能力调查

路面抗滑能力的调查指标为横向力系数(SFC)。路面抗滑性能宜采用基于横向力系数的路面抗滑性能检测设备或其他具有可靠数据标定关系的自动化检测设备。路面抗滑性能检测数据(横向力系数)应以20m为单位长期保存。

横向力系数(SFC)要利用大型检测设备独立检测,由于不能与路面表面损坏指标一起检测,由此增加了路面检测装备配置与检测的成本。为了控制横向力系数(SFC)的检评成本,标准规定仅检测高速公路和一级公路,并且将检测周期定为两年一次。

(7) 路面强度调查

路面强度的调查指标为路面弯沉值。路面结构强度宜采用自动检测设备检测。采用自动检测设备检测时,宜采用具有可靠数据标定关系的自动化检测设备,检测结果应能换算成我国相关技术规范规定的回弹弯沉值;当采用贝克曼梁检测时,检测数量应不小于20点/(km·车道);当采用抽样检测时,检测范围可控制在养护里程的20%以内。

高速公路和一级公路路面弯沉值的调查,宜采用自动弯沉仪或落锤式弯沉仪进行调查,但应建立与贝克曼梁测定结果的对应关系;其他等级公路可采用贝克曼梁弯沉仪进行调查。进行沥青路面调查时,由于工作量较大,较适合采用连续快速的自动弯沉仪法。常见的几种弯沉测定方法见表1-3。

弯沉测定方法比较　　　　　　　　　　　　　　　　　　　　表1-3

方　法	特　点
贝克曼梁法	传统方法,速度慢,静态测试,比较成熟,目前属于标准方法
自动弯沉仪法	利用贝克曼原理快速连续测试,属于静态测试范畴,但测定的是总弯沉,因此使用时应用贝克曼梁进行标定换算
落锤式弯沉仪法	利用重锤自由落下的瞬间产生的冲击荷载测定弯沉,属于动态弯沉

3. 沥青路面技术状况调查的频率

沥青路面技术状况最低检测与调查频率见表1-4。

公路技术状况检测与调查频率　　　　　　　　　　　　　　　　表1-4

检测与调查内容		沥青路面	
		高速、一级公路	二、三、四级公路
路面PQI	路面损坏	1年1次	1年1次
	路面平整度	1年1次	1年1次
	路面车辙	1年1次	
	路面跳车	1年1次	
	路面磨耗	1年1次	
	路面抗滑性能	2年1次	
	路面结构强度	抽样检测	抽样检测

三、沥青路面技术状况的评价

路面状况评定用路面技术状况(PQI)指标。

路面技术状况 PQI 按式(1-1)计算：

$$PQI = w_{PCI}PCI + w_{RQI}RQI + w_{RDI}RDI + w_{PBI}PBI + w_{PWI}PWI + w_{SRI}SRI + w_{PSSI}PSSI \quad (1-1)$$

式中：w_{PCI}——PCI 在 PQI 中的权重,按表1-5取值；

w_{RQI}——RQI 在 PQI 中的权重,按表1-5取值；

w_{RDI}——RDI 在 PQI 中的权重,按表1-5取值；

w_{PBI}——PBI 在 PQI 中的权重,按表1-5取值；

w_{PWI}——PWI 在 PQI 中的权重,按表1-5取值；

w_{SRI}——SRI 在 PQI 中的权重,按表1-5取值；

w_{PSSI}——PSSI 在 PQI 中的权重,按表1-5取值。

PQI 分项指标权重　　　　　　　　　　　　　　　　　　　　表1-5

路面类型	权　重	高速公路、一级公路	二、三、四级公路
沥青路面	w_{PCI}	0.35	0.60
	w_{RQI}	0.30	0.40
	w_{RDI}	0.15	—
	w_{PBI}	0.10	—
	w_{SRI}	0.10	—
	w_{PSSI}	—	—

1. 路面损坏(PCI)

(1)路面损坏状况指数(PCI)

路面损坏用PCI评价,PCI按式(1-2)和式(1-3)计算:

$$PCI = 100 - a_0 DR^{a_1} \tag{1-2}$$

$$DR = 100 \times \frac{\sum_{i=1}^{i_0} w_i A_i}{A} \tag{1-3}$$

式中:DR——路面破损率,为各种损坏的折合损坏面积之和与路面调查面积之百分比(%);

A_i——第i类路面损坏的面积(m^2);

A——调查的路面面积(调查长度与有效路面宽度之积,m^2);

w_i——第i类路面损坏的权重,沥青路面按表1-6取值;

a_0——沥青路面采用15.00;

a_1——沥青路面采用0.412;

i——考虑损坏程度(轻、中、重)的第i项路面损坏类型;

i_0——包含损坏程度(轻、中、重)的损坏类型总数,沥青路面取21。

沥青路面损坏类型和权重 表1-6

类型i	损坏名称	损害程度	权重w_i	计量单位(m^2)	换算系数(自动检测)
1	龟裂	轻	0.6	面积	1.0
2		中	0.8		
3		重	1.0		
4	块状裂缝	轻	0.6	面积	0.8
5		重	0.8		
6	纵向裂缝	轻	0.6	长度×0.2m	2.0
7		重	1.0		
8	横向裂缝	轻	0.6	长度×0.2m	2.0
9		重	1.0		
10	坑槽	轻	0.8	面积	1.0
11		重	1.0		
12	松散	轻	0.6	面积	1.0
13		重	1.0		
14	沉陷	轻	0.6	面积	1.0
15		重	1.0		
16	车辙	轻	0.6	长度×0.4m	—
17		重	1.0		
18	波浪拥包	轻	0.6	面积	1.0
19		重	1.0		

续上表

类型 i	损坏名称	损害程度	权重 w_i	计量单位(m^2)	换算系数（自动检测）
20	泛油		0.2	面积	0.2
21	修补		0.1	面积或长度×0.2m	0.1(0.2)

（2）路面破损状况评价标准

根据路面破损情况,将路面分为优、良、中、次、差5个等级。评价标准见表1-7,PCI与DR的对应关系见表1-8。

路面破损状况评价标准　　　　　　　　　　　　　　　　表1-7

评价等级	优	良	中	次	差
路面状况指数PCI	≥90	≥80,<90	≥70,<80	≥60,<70	<60

PCI与DR的对应关系　　　　　　　　　　　　　　　　表1-8

PCI	90	80	70	60
DR(沥青路面)	0.4	2.0	5.5	11.0

2.路面行驶质量（RQI）

（1）路面行驶质量指数（RQI）。

路面平整度用路面行驶质量指数（RQI）评价,按式（1-4）计算：

$$RQI = \frac{100}{1 + a_0 e^{a_1 IRI}} \quad (1-4)$$

式中：IRI——国际平整度指数（m/km）；

a_0——高速公路和一级公路采用0.026,其他等级公路采用0.0185；

a_1——高速公路和一级公路采用0.65,其他等级公路采用0.58。

（2）路面行驶质量评价标准,见表1-9,RQI与IRI的对应关系见表1-10。

路面平整度人工评价标准　　　　　　　　　　　　　　　　表1-9

技术等级	优	良	中	次	差
RQI	≥90	≥80,<90	≥70,<80	≥60,<70	<60
3m直尺(mm)	≤10	>10,≤12	>12,≤15	>15,≤18	>18
颠簸程度	无颠簸,行车平稳	有轻微颠簸,行车尚平稳	有明显颠簸,行车不平稳	严重颠簸,行车很不平稳	非常颠簸,非常不平稳

RQI与IRI的对应关系　　　　　　　　　　　　　　　　表1-10

RQI	90	80	70	60
IRI(高速公路、一级公路)(m/km)	2.3	3.5	4.3	5.0
IRI(其他等级公路)(m/km)	3.0	4.5	5.4	6.2

3. 路面车辙（RDI）

（1）路面车辙深度指数（RDI）

路面车辙用路面车辙深度指数（RDI）评价，按式（1-5）计算：

$$RDI = \begin{cases} 100 - a_0 RD & (RD \leq RD_a) \\ 60 - a_1(RD - RD_a) & (RD_a < RD \leq RD_b) \\ 0 & (RD > RD_b) \end{cases} \quad (1-5)$$

式中：RD——车辙深度（mm）；

RD_a——车辙深度参数，采用10.0；

RD_b——车辙深度限值，采用40.0；

a_0——模型参数，采用1.0；

a_1——模型参数，采用3.0。

（2）路面车辙质量标准（表1-11）

路面车辙状况评价标准　　　　表1-11

评定等级	优	良	中	次	差
车辙深度指数RDI	≥90	≥80，<90	≥70，<80	≥60，<70	<60
RD	5	10	15	20	35

4. 路面跳车指数（PBI）

$$PBI = 100 - \sum_{i=1}^{i_0} a_i PB_i \quad (1-6)$$

式中：PB_i——第i类程度的路面跳车数。

a_i——第i类程度的路面跳车单位扣分，按表1-12的规定取值；

i——路面跳车程度；

i_0——路面跳车程度总数，取3。

路面跳车扣分标准　　　　表1-12

类别i	跳车程度	计量单位	单位扣分
1	轻度	处	0
2	中度		25
3	重度		50

5. 路面磨耗指数（PWI）

$$PWI = 100 - a_0 WR^{a_1} \quad (1-7)$$

$$WR = 100 \times \frac{MPD_C - \min(MPD_L, MPD_R)}{MPD_C} \quad (1-8)$$

式中：WR——路面磨耗率（%）；

a_0——模型参数,采用 1.696;

a_1——模型参数,采用 0.785;

MPD_C——路面构造深度基准值,采用无磨损的车道中线路面构造深度(mm);

MPD_L——左轮迹带的路面构造深度(mm);

MPD_R——右轮迹带的路面构造深度(mm)。

6. 路面抗滑性能指数(SRI)

路面抗滑性能用路面抗滑性能指数(SRI)评价,按式(1-9)计算:

$$SRI = \frac{100 - SRI_{min}}{1 + a_0 e^{a_1 SFC}} + SRI_{min} \quad (1-9)$$

式中:SFC——横向力系数;

SRI_{min}——标定参数,采用 35.0;

a_0——模型参数,采用 28.6;

a_1——模型参数,采用 -0.105。

7. 路面结构强度(PSSI)

(1)路面结构强度用路面结构强度指数(PSSI)评价,按式(1-10)和式(1-11)计算:

$$PSSI = \frac{100}{1 + a_0 e^{a_1 SSR}} \quad (1-10)$$

$$SSI = \frac{l_d}{l_0} \quad (1-11)$$

式中:SSR——路面结构强度系数,为路面设计弯沉与实测代表弯沉之比;

l_d——路面设计弯沉(0.01mm);

l_0——实测代表弯沉(0.01mm);

a_0——模型参数,采用 15.71;

a_1——模型参数,采用 -5.19。

(2)路面结构强度评价标准,参见表 1-13。

路面强度的评价标准 表 1-13

评定等级	优		良		中		次		差	
	高速公路、一级公路	其他等级公路	高速公路、一级公路	其他等级公路	高速公路、一级公路	其他等级公路	高速公路、一级公路	其他等级公路	高速公路、一级公路	其他等级公路
强度指数 PSSI	≥1.0	≥0.83	<1.0 ~ ≥0.83	<0.83 ~ ≥0.66	<0.83 ~ ≥0.66	<0.66 ~ ≥0.5	<0.66 ~ ≥0.5	<0.5 ~ ≥0.3	<0.5	<0.3

8. 路面的综合评价

路面的综合评价采用 PQI 作为评价指标,PQI 用分项指标加权计算得出。PQI 的数值范围为 0~100,其值越大,路况越好,参见表 1-14。

路面综合评价标准 表 1-14

评定等级	优	良	中	次	差
路面综合评价指标 PQI	≥90	≥80,<90	≥70,<80	≥60,<70	<60

任务 1.3　沥青路面日常养护的要求

学习目标

掌握沥青路面日常养护的要求。

学习重点

沥青路面养护的分类和要求。

沥青路面在使用过程中,在行车荷载和自然因素的反复作用下,路面将产生各种各样的破损。对于半刚性基层的沥青路面,由于行车压密和半刚性基层材料强度随路龄增长,其强度和刚度在使用初期(1~2年)呈增长趋势,表现在整体回弹弯沉的降低,此后由于路面材料的逐渐疲劳,其强度和刚度逐年降低。而沥青路面的表面病害逐年加剧,抗滑性能和平整度逐年衰减。

近年来,道路交通量日益增大,车辆迅速大型化且严重超载,使公路路面面临严峻考验,许多高等级公路沥青路面建成通车不久,由于不适应交通快速发展的需要,发生了较为严重的早期破损现象。路面的破损对车辆的行驶速度、承载能力、机械磨损、燃油消耗、行车舒适性、交通安全以及环境保护会造成较大的影响,因此路面养护就成为保证其服务质量和使用寿命的重要手段。对路面进行预防性、经常性、及时性、周期性的养护,使其保持平整完好、横坡适度、排水畅通,具有足够的强度和抗滑性能。同时,对路面进行养护时,应避免对高速公路和沿线设施的污染,做到干净整洁,达到高等级公路路面养护的质量标准,以适应交通运输的发展需求。

沥青路面养护的目的:

(1)及时预防和处理路面存在的各种病害,采取正确的养护措施,经常保持路面各部分完整,尺寸符合标准要求。

(2)保持路况良好,保证路面各项指标符合要求,为车辆提供舒适、安全、畅通的行车环境。

(3)采取正确的技术措施,提高路面养护的工作质量,以延长路面使用寿命。

一、沥青路面养护管理要求

(1)沥青路面养护分为日常养护和养护工程。日常养护包括日常巡查、日常保养和日常维修;养护工程包括预防养护、修复养护、专项养护和应急养护。

(2)沥青路面养护工作内容包括路况调查与评价、养护决策、日常养护、养护工程设计、养护工程施工、养护工程质量验收、跟踪观测和技术管理。

(3)沥青路面路况调查与评价包括损坏调查、技术状况检测和技术状况评价,应定期进行技术状况检测与评价,及时更新沥青路面技术状况数据信息。

(4)应按公路养护科学决策的工作制度与方法编制沥青路面养护规划与年度计划。

(5)沥青路面日常养护工程应加强质量管理,严格实施过程质量控制,落实日常养护考核和工程验收制度。

(6)沥青路面日常养护工程宜进行跟踪观测,综合评价实施效果,并做好技术总结。

(7)对沥青路面养护工作内容实施过程的技术档案应进行管理与归档。

(8)沥青路面养护作业安全应符合现行《公路养护安全作业规程》(JTG H30)和《公路工程施工安全技术规范》(JTG F90)的有关规定。

二、沥青路面养护质量要求

1. 沥青路面技术状况应满足的要求

(1)公路网级沥青路面技术状况指数(PQI)应满足表1-15的要求。当公路网级沥青路面技术状况指数(PQI)不满足表1-15的要求时,应合理安排养护计划,并采取综合养护措施,达到沥青路面技术状况要求。

沥青路面技术状况指数(PQI) 表1-15

路况指标	高速公路	一级及二级公路	三级及四级公路
PQI	≥90	≥85	≥80

(2)每个基本单元沥青路面技术状况指数(PQI)及其分项指标应满足表1-16的要求。当每个基本单元沥青路面技术状况指数(PQI)及其分项指标不满足表1-16的要求时,应安排日常维修、养护工程或改扩建工程,恢复沥青路面技术状况。

沥青路面技术状况指数(PQI)及其分项指标 表1-16

路况指标	高速公路	一级及二级公路	三级及四级公路
PQI	≥80	≥75	≥70
PCI	≥80	≥75	≥70
RQI	≥80	≥75	≥70
RDI	≥75	≥70	—
SRI	≥75	≥70	—

(3)对于不满足表1-16中的要求但未实施养护的路段,或已列入养护工程和改扩建工程计划的路段,在工程实施前应采取维持性养护措施,保持沥青路面基本通行要求,并及时实施养护工程或改扩建工程。

2. 沥青路面日常养护应满足的质量要求

(1)沥青路面保持干净、整洁,及时清除杂物、积水。

(2)及时发现并处治裂缝、坑槽、松散、沉陷、车辙等病害,与原路面接合的界面顺直、紧密、耐久,达到平整、美观等效果。

(3)路缘石保持线条直顺、顶面平整、无缺失,具有良好的视线诱导与挡水引流效果。

(4)对路面障碍应及时清理或报告,并做好沥青路面日常巡查、病害处治和障碍清理。

3. 沥青路面养护工程验收质量检验评定标准

沥青路面养护工程验收质量检验评定标准应符合公路养护工程质量检验评定的有关规定。

三、沥青路面的日常养护

1. 一般规定

(1) 应制订日常养护年度计划,并根据养护质量要求及路况调查结果确定日常养护工作内容。

(2) 应及时做好日常养护工作记录,包括作业内容、作业人员、完成的工作量等。

(3) 高速公路、一级公路的日常养护应采用机械化作业方式,二级及二级以下公路的日常养护也应逐步采用械化作业方式,条件受限时可采用人工方式。

(4) 日常养护作业路段应满足基本通行要求,保障现场的养护作业安全。

2. 日常巡查

(1) 在公路养护日常巡查工作制度中应明确沥青路面日常巡查工作内容。日常巡查频率每日不宜少于一次,遇暴雨、台风、雨雪、冰冻等极端天气情况时,应适当增加日常巡查的频率。

(2) 日常巡查应主要检查路面病害,以及易发路面病害或影响通行的积水、积雪、积冰、污染物、散落物、路障等情况。

(3) 日常巡查宜采用乘车、骑行或步行等巡查方式,乘车巡查过程中发现路面突发病害及异常情况时,应停车辅助人工检查,并应符合下列规定:

①巡查车辆的车身应有明显标识,配备导向闪光箭头,车顶宜安装黄闪标志。

②巡查人员应具备沥青路面相关专业知识,经过安全培训与作业交底,具备初步判别路面病害及处置突发情况的能力。巡查人员应穿戴安全标志服,配备简易量测工具的车辆闪光灯及照相、移动数据终端等设备。

③日常巡查车辆速度,高速公路及一级公路不宜大于60km/h,二级及二级以下公路不宜大于40km/h,应开启车辆闪光灯和闪光箭头。停车辅助人工检查时,可临时停靠在右侧紧急停车带或右侧路肩,巡查人员应在车辆前方快速完成检查作业后及时撤离。

④日常巡查发现路面上有影响通行的障碍物或异常情况时,应及时采取措施进行清除与处理。危及行车安全时,应采取临时安全保障措施后再进行处理;不能立即清除时,应及时通知相关单位处理。

(4) 日常巡查应记录并发现路面突发病害与异常情况信息,宜采用移动终端实时输入信息数据,并按信息管理系统功能将突发病害图片、有关说明等信息一并录入,巡查结束后应及时整理、汇总日常巡查记录,并录入相关信息管理系统。

(5) 日常巡查中发现重大情况时应按相关规定及时报告。

3. 日常保养

(1) 日常保养应包括下列主要工作内容:

①清除路面泥土杂物、污染物、散落物等。

②排除路面积水,疏通路面排水。

③清除路面积雪、积冰、积砂等。

④实施路面夏季洒水降温作业。

（2）清扫作业应符合下列规定：

①定期沿路幅右侧或左侧开展路面日常清扫作业，清扫频率应根据公路等级、路面污染情况确定，遇突发污染事件应及时开展路面特殊清扫作业。

②路面清扫作业可采用机械清扫或人工清扫方式，高速公路及一级公路应以机械清扫方式为主，二级及二级以下公路可视实际情况采用合适方式进行清扫作业。

③路面清扫作业应根据现场泥土杂物、清洁情况及通车状况选择不同功能的机械清扫设备，宜采用无尘清扫设备与工艺，机械清扫车辆应配备洒水及除尘设备。清扫作业时应根据路面扬尘程度确定适当的洒水量，减少扬尘。

④机械清扫作业应避开交通量大的时段，不宜在影响正常交通的中间行车道和变换车道进行。对机械无法清扫的路面边角，应进行人工辅助清洁。

⑤应根据实际情况适当加大桥梁桥面清扫频率，宜与桥面泄水孔、伸缩缝作业相结合，清扫时不得堵塞桥面泄水孔和伸缩缝。

⑥隧道路面清扫宜在交通量较小时进行，并利用电子显示屏等设备做好安全作业清理提示。清扫宜采用无尘清扫作业方式，严禁扬尘。

⑦沥青路面受油类物质或其他化学品污染时，应撒砂、木屑或采用化学中和剂处理后进行清扫，影响行车安全时，应采用水冲洗干净并进一步处治。

⑧路面清扫后的垃圾、杂物等不得随意倾倒、堵塞边沟、阻挡路肩排水，应运至指定地点或垃圾场站妥善处理。

（3）排水作业应符合下列规定：

①定期检查路面排水和积水情况，应对一般路段、桥涵、隧道路面排水系统进行清理和疏通，保持排水功能正常、路面无积水。

②汛期前对影响路面排水的设施应进行全线检查和疏通，雨天时应及时排除积水，汛期后应对排水设施进行全面检查和修复。

③对沥青路面局部沉陷、横坡不适、拦水带开口设置不合理等原因导致的积水应及时采取排除措施。

（4）清除冰雪作业应符合下列规定：

①根据当地历年气象记录资料、气象预测资料、路面结构、沿线环境条件等因素，应制订切合实际情况的除冰雪和防冻工作计划，以及适用于各种不同的气温、降雪量和积雪深度条件下的除冰雪和防冻作业规程，配备相应的除冰雪和防冻作业的人员、材料及机具设备。

②冬季降雪或下雨时，应及时掌握气象变化情况，出现降温、降雪时应按制订的工作方案及时进行除冰雪和防冻作业，并做好桥面、坡道、弯道、匝道、收费广场等重点路段的除冰雪和防冻措施。

③除冰雪宜以机械作业为主，人工作业为辅。除雪机械的作业方向宜与正常行车方向一致，并从路面左侧向右侧或中间向两侧依次进行。降雪量较大，难以在降雪过程中清除全部积雪时，应在雪停后及时清除路面全部积雪。

④路面上的压实雪、融化的雪水或未及时排除的雨水形成冰冻层时，应开展除冰与防滑作业，尤其是在大中桥、纵坡较大或平曲线半径较小路段，应做好防冰冻与防滑处理。

⑤除冰雪撒布的融雪剂、防冰冻、防滑等材料宜采用环保型材料。应根据降雪情况确定撒

布时机、方式与数量,及时清除路面积雪与残留物。

⑥除冰雪和防冻作业可连续开展,作业现场必须实行统一指挥,并落实与作业形式相适应的安全作业措施和交通控制措施,夜间作业时可适当增设闪光设施、警示标志等。

(5)夏季洒水降温作业应符合下列规定:

①了解当地气象温度相关资料,掌握沥青路面表面温度变化规律,应制订切合实际情况的夏季洒水降温工作计划和作业规程。

②洒水降温作业宜采用机械方式,洒水车辆车身应有明显标识,配备导向闪光箭头,车顶宜安装带有黄闪标志的车辆闪光灯。

③夏季连续3天最高气温达到35℃及以上,沥青路面表面温度达到60℃及以上时,对于易发生车辙、波浪拥包的路段及上坡、弯道、桥面铺装、重载交通路段等,进行洒水降温作业,或进行交通管制。

④进行夏季洒水降温作业时,宜选在每天12:00~15:00进行。洒水车辆应行驶在路面右侧位置。其行驶速度,高速公路及一级公路不宜大于60km/h,二级及以下公路不宜大于40km/h。

4. 日常维修

(1)日常维修工作计划应根据沥青路面损坏状况调查与评价以及日常巡查记录结果按月度进行编制。

(2)沥青路面日常维修按计划进行,并根据日常维修工作记录信息适时进行日常维修质量评价与反馈。

(3)应分析沥青路面各类损坏与病害产生的原因,并根据路面结构类型、使用年限、处治季节、气温等实际情况,采取相应的病害处治措施。

(4)应推行沥青路面病害发现、信息上报、处治审批与下达现场处治,上报审核与计量、效果评价等处治闭环管理。

(5)各类病害应按有关规定执行。

任务1.4 沥青路面常见病害及处治措施

掌握沥青路面常见病害的特征。

沥青路面常见病害的识别及处治。

一、沥青路面常见病害

根据现行《公路技术状况评定标准》(JTG 5210)中对沥青路面病害分类的规定,并参考现行《公路沥青路面养护技术规范》(JTG 5142)中的相关规定,将沥青路面病害类型划分为以下

10类。

1. 龟裂(图1-12)

根据散落情况、缝宽及裂缝块度情况,龟裂可分为轻、中、重3个等级,其分级情况见表1-17。

龟裂分级表　　　　　　　　　　　　　　　　　表1-17

分级	外观描述	计量单位
轻	初期裂缝,裂区无变形、无散落,缝细,主要裂缝宽度在2mm以下,主要裂缝块度为0.2~0.5m;损坏按面积计算	m²
中	龟裂的发展期,龟裂状态明显,裂缝区有轻度散落或轻度变形,主要裂缝宽度为2~5mm,部分裂缝块度小于0.2m;损坏按面积计算	m²
重	龟裂特征显著,裂块较小,裂缝区变形明显、散落严重,主要裂缝宽度大于5mm,大部分裂缝块度小于0.2m;损坏按面积计算	m²

2. 块状裂缝(图1-13)

图1-12　龟裂

图1-13　块状裂缝

根据散落情况、缝宽及裂缝块度情况,块状裂缝可分为轻、重两个等级,其分级情况见表1-18。

块状裂缝分级表　　　　　　　　　　　　　　　表1-18

分级	外观描述	计量单位
轻	缝细,裂缝区无散落,裂缝宽度在1~2mm以内,大部分裂缝块度大于1.0m;损坏按面积计算	m²
重	缝宽,裂缝区有散落,裂缝宽度在2mm以上,主要裂缝块度为0.5~1.0m;损坏按面积计算	m²

3. 纵向裂缝(图1-14)

纵向裂缝是指与行车方向基本平行的裂缝。根据散落情况、缝宽及有无支缝等情况,纵向裂缝可分为轻、重两个等级,其分级情况见表1-19。

项目1 沥青路面养护管理基础知识

纵向裂缝分级表　　　表 1-19

分　级	外　观　描　述	计量单位
轻	缝细,裂缝壁无散落或有轻微散落,无支缝或有少量支缝,裂缝宽度在 3mm 以内;损坏按长度(m)计算,检测结果要用影响宽度(0.2m)换算成面积	m²
重	缝宽,裂缝壁有散落,有支缝,主要裂缝宽度大于 3mm;损坏按长度(m)计算,检测结果要用影响宽度(0.2m)换算成面积	m²

4. 横向裂缝(图 1-15)

图 1-14　纵向裂缝

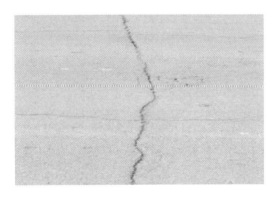

图 1-15　横向裂缝

横向裂缝是指与行车方向基本垂直、缝宽不一、缝长有贯穿或不贯穿路幅的裂缝。根据散落情况、缝宽等情况,横向裂缝可分为轻、重两个等级,其分级情况见表 1-20。

横向裂缝分级表　　　表 1-20

分　级	外　观　描　述	计量单位
轻	缝细,裂缝壁无散落或有轻微散落,裂缝宽度在 3mm 以内;损坏按长度(m)计算,检测结果要用影响宽度(0.2m)换算成面积	m²
重	缝宽,裂缝贯通整个路面,裂缝壁有散落并伴有少量支缝,主要裂缝宽度大于 3mm;损坏按长度(m)计算,检测结果要用影响宽度(0.2m)换算成面积	m²

5. 坑槽(图 1-16)

坑槽是指路面受破坏而形成的深坑。根据坑的深度和有效坑槽面积,坑槽可分为轻、重两个等级,其分级情况见表 1-21。

坑 槽 分 级 表　　　表 1-21

分　级	外　观　描　述	计量单位
轻	坑浅,有效坑槽面积在 0.1m² 以内(约 0.3m×0.3m);损坏按面积计算	m²
重	坑深,有效坑槽面积大于 0.1m²;损坏按面积计算	m²

6. 松散（图1-17）

图1-16 坑槽

图1-17 松散

根据路面粗、细集料散失情况等，松散可分为轻、重两个等级，其分级情况见表1-22。

松散分级表　　　　　　　　　　　　　　　　　　　表1-22

分级	外观描述	计量单位
轻	路面细集料散失，出现脱皮、麻面等表面损坏；损坏按面积计算	m²
重	路面粗集料散失，出现脱皮、麻面、露骨等表面损坏，表面剥落，有小坑洞；损坏按面积计算	m²

7. 沉陷（图1-18）

沉陷是指大于10mm的路面局部下沉，根据其深度情况等，沉陷可分为轻、重两个等级，其分级情况见表1-23。

沉陷分级表　　　　　　　　　　　　　　　　　　　表1-23

分级	外观描述	计量单位
轻	深度为10～25mm，正常行车无明显感觉；损坏按面积计算	m²
重	深度大于25mm，正常行车有明显感觉；损坏按面积计算	m²

8. 车辙（图1-19）

车辙是指轮迹处深度大于10mm的纵向带状凹槽（辙槽）。根据辙槽深度情况等，车辙可分为轻、重两个等级，其分级情况见表1-24。

车辙分级表　　　　　　　　　　　　　　　　　　　表1-24

分级	外观描述	计量单位
轻	辙槽浅，深度为10～15mm；损坏按长度计算，检测结果要用影响宽度（0.4m）换算成面积	m²
重	辙槽深，深度在15mm以上；损坏按长度计算，检测结果要用影响宽度（0.4m）换算成面积	m²

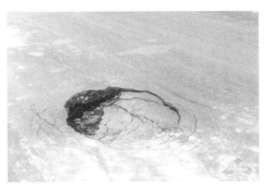
图1-18 沉陷

图1-19 车辙

9. 波浪拥包(图1-20)

根据波峰波谷高差大小等情况,波浪拥包可分为轻、重两个等级,其分级情况见表1-25。

波浪拥包分级表 表1-25

分 级	外 观 描 述	计量单位
轻	波峰波谷高差小,高差为10~25mm;损坏按面积计算	m²
重	波峰波谷高差大,高差大于25mm;损坏按面积计算	m²

10. 泛油(图1-21)

泛油指路面沥青被挤出或表面被沥青膜覆盖形成发亮的薄油层,损坏按面积计算。

图1-20 波浪拥包

图1-21 泛油

上述10种沥青路面病害类型(如龟裂、坑槽、松散、沉陷、车辙等)需进行修补,修补面积或修补影响面积通过计算确定(裂缝修补按长度计算,影响宽度为0.2m),如图1-22所示。

二、沥青路面常见病害处治措施

1. 裂缝类病害的处治

沥青路面裂缝是常见病害之一,虽然龟缝、块状裂缝、纵向裂缝、横向裂缝等裂缝类病害的成因各有不同,但是不论哪种形式的裂缝,都应及时进行修补,否则雨水将会通过裂缝进入基层,使基层甚至路基软化,造成基层、路基强度降低,最终导致沥青路面承载能力下降,进而造成路面局部或成片损坏,严重影响行车舒适性,并使路面使用寿命大大降低。裂缝破损属于沥青路面结构性破坏,更多的是影响沥青路面的耐久性。

图1-22 修补

(1)裂缝处治的最佳时期。

裂缝的修补具有很强的时限性,安排修补时间不当,将大大影响灌缝质量和效果。裂缝维修的最佳时期为秋末初冬季节。

(2)常见的处治措施。

沥青路面裂缝修补方法很多,一般可根据裂缝的宽度和深度确定具体的修补工艺。根据规范推荐,其处治方法主要有以下几种:

①对于在高温季节能够全部或大部分愈合的裂缝可以不处治。

②对于在高温季节不能愈合的轻微裂缝,或由于路面基层温缩、干缩而造成的纵向裂缝及横向裂缝及块状裂缝等,应按裂缝的宽度分别加以处治。

a. 直接灌缝。适用于沥青路面裂缝宽度大于或等于10mm的重度裂缝,灌缝材料可采用改性沥青砂或橡胶沥青灌封胶。

b. 开槽灌缝。适用于沥青路面裂缝宽度大于或等于5mm且小于10mm的重度裂缝,灌缝材料可采用改性沥青砂或橡胶沥青灌封胶。

c. 贴缝带封缝。适用于沥青路面上面层裂缝宽度小于5mm的裂缝顶面封闭,贴缝材料采用专用沥青路面贴缝带。

d. 注射封缝。适用于裂缝宽度小于或等于2mm的轻度裂缝,材料可采用硅酮、聚氨酯、聚硫胶等。

对于单条裂缝,上述四种方法都可配合使用。

③因沥青性能不佳,或路面设计使用年限较长、油层老化等原因出现的大面积裂缝(包括网裂),此时如果基层强度尚好,通过技术经济比较,可选用下列维修方法:

a. 乳化沥青稀浆封层,封层厚度宜为3~6mm。

b. 加铺沥青混合料上封层,或先铺一层土工合成材料后喷洒沥青,再在其上加铺沥青混合料上封层。

c. 采用改性沥青薄层罩面。

d. 采用单层沥青表处。

④由于土基、基层强度不足或路基翻浆等引起的严重龟裂,应先处治好基层后再重做面层。

无论是冰冻地区还是非冰冻地区,沥青路面开裂是世界各国沥青路面使用中均会遇到的主要病害之一,只是各地的裂缝严重程度不同而已。

2. 松散类病害的处治

(1)坑槽的处治方法。

由于坑槽是沥青路面最常见的一种病害,它具有突发性、高发性和蔓延性的特点。所以,路面一旦出现坑槽,应根据路面结构、坑槽的大小、坑槽的深度、坑槽出现的时间等及时地采取相应措施进行修复,以提高路面的服务水平和使用寿命。坑槽的处治方法有以下几种情况:

①路面基层完好,仅面层有坑槽时可以按下面的方法进行维修。

a. 挖补法。该方法是将小面积的、使用功能无法满足要求的原沥青路面挖除后,铺筑新的沥青混合料并压实成形,达到满足路面使用功能要求的养护施工方法。

b. 热再生法修补。其修补方法是先将高效热辐射加热板放置到待补区域,使旧沥青路面软化,然后耙松被软化的沥青旧料,喷洒乳化沥青使旧料现场再生,补充新沥青混合料,拌和、摊铺并压实。这种方法不但对旧料进行现场再生利用,减少了环境污染和资源浪费,降低了维修成本,而且进行修补作业时不受气候变化影响。

除了上述两种坑槽修补方法之外,还有一些特殊的或新近发展的方法。例如,采用沥青混合料预制块修补,沥青路面破损处开槽修补的尺寸应等于预制块的倍数,预制块之间的接缝用填缝料填塞。此种坑槽修补方法较为简单,修补料的配比较易控制,密实度能得到保证。日本研究出一种称为"荒川式斜削施工法",是在返土、压平和补铺沥青混合料前,先将被切坑槽的边缘用特制工具切成45°斜坡形,然后再用喷燃器将边缘烧成粗糙形状,接着再铺压沥青混合料。这样可使新料和旧料紧密吻合在一起,不易出现裂缝。

近些年来,国内外竞相研制能够全天候使用、修补工艺更易于掌握的修补料——常温(冷)拌和沥青混合料。常温(冷)拌和沥青混合料是一种预先加热拌和、储存,常温下使用的沥青混合料,通常添加一些特殊的外加剂,以保证其路用性能在储存期间不发生变化。混合料一般袋装或桶装储存,使用方便、修补迅速,特别是在寒冷、多雨季节,在传统热补法不易开展的情况下,利用常温(冷)拌和沥青混合料修补是一种较适宜的方法。

美国SHRP计划进行的坑槽修补研究推荐使用最好的材料,以减少重新修补的工作量。如果在修补时使用质量不佳的材料,则重复修补同一个坑槽的费用将很快地抵消购头廉价修补用沥青混合料所节省的费用。因而当前趋向于在修补料中添加改性剂,研制专供修补坑槽用的高性能改性沥青混合料,使其具有极强的抗湿性、低温和易性与坑洞的黏结力。

②对交通量较小的路段,在低温寒冷或阴雨连绵的季节,无法采用常规方法,也没有条件采用合适的材料修补坑槽时,为了防止坑槽面积的扩大,可以采取临时性的措施对坑槽予以处治,等天气好转后再按规范要求重新修补。

③若是因基层局部强度不足等使基层破坏而形成的坑槽,应先处治基层,再修复面层。其方法参照上述有关做法。

(2)松散的处治方法。

①当基层稳定,仅面层出现麻面或松散时,按下列要求进行处治。

a. 路面因嵌缝料散失出现轻微麻面,可在高温季节撒铺适当的嵌缝料,并用扫帚扫匀,使嵌缝料填充到石料的空隙中。对于轻微麻面也可用稀浆封层处治。

b. 小面积麻面可用棕刷在麻面部位涂刷稠度较高的沥青,再撒铺矿料。

c. 大面积麻面应喷洒稠度较高的沥青,撒铺适当粒径的嵌缝料,并使麻面部分中部嵌缝料稍厚,周围与原路面接口要稍薄,定形要整齐,再控制机械碾压成形。

d. 因沥青量偏少或低气温施工造成的沥青面层松散,应先扫除松脱分离的矿料,然后在它的上面重新进行表面处治。

e. 如在低温潮湿的季节,宜采用乳化沥青做封层处理。

f. 对于因油温过高、沥青老化失去黏结性而造成的松散,应将松散部分全部挖除后,再重做面层,重做面层的矿料不应再使用酸性石料。应在沥青中掺入抗剥离剂、增黏剂或使用干燥的生石灰、消石灰、水泥等表面活性物质作为填料的一部分,或采用石灰浆处理粗集料等抗剥离措施,以提高沥青与矿料的黏附力,并增加混合料的水稳性。

②由于基层或土基软化变形而造成的路面松散,应参照有关规定,先处理好基层后,再重做面层。

(3)脱皮的处治方法。

①小面积脱皮,沿脱皮四周画线成矩形,沿线将脱皮切除,将下面层清扫干净,再喷洒黏层沥青,同时将侧壁涂刷沥青,然后按上面层同样的沥青混合料和压实厚度铺筑、碾压密实,待铺筑面层冷却后,开放交通。

②大面积脱皮路段,应将沥青面层全部除去,重新铺筑面层,严格控制摊铺和碾压温度,经雨淋的沥青混合料禁止使用。

③由于沥青面层与封层之间黏结不好,或初期养护不良引起的脱皮,应清除已脱落和已松动的部分,再重新做封层处理,所做封层的沥青用量及矿料粒径规格应视封层的厚度而定。

④面层与基层之间因黏结不良而产生的脱皮,应先清除掉脱落、松动的面层,分析黏结不良的原因。若面层与基层间所含水分较多,应晾晒或烘干;若面层与基层之间夹有泥层,则应将泥沙清除干净,喷洒透层沥青后,重做面层。

⑤如发现脱皮部位有基层松软等病害,先处治基层后再铺筑沥青面层。

3. 变形类病害的处治

(1)沉陷的处治方法。

①因路基不均匀沉降而引起的局部路面沉陷,若土基和基层已经密实稳定,不再继续下沉,可只修补面层。此时应根据路面的破损状况,分别采取不同的处治措施。

a. 路面略有下沉,无破损或仅有少量轻微裂缝,可在沉陷处喷洒或涂刷黏层沥青,再用沥青混合料将沉陷部分填补到与原路面齐平并压实。

b. 因路基沉陷导致路面破损严重,或矿料已松动、脱落形成坑槽的,应按照坑槽的维修方法加以处治。

②因土基或基层结构遭到破坏,引起路面沉陷较大,面层已形成龟裂的,应将面层、基层、土基一起挖除,重新做土基、基层,并保证其有足够的强度,然后再做面层。

③桥涵台背因填土不实出现不均匀沉降的处理方法:

a. 挖除沥青面层,在沉陷的部分加铺层后重做面层。对于台背填土密实度不够的,应重做压实处理,台背死角处的压实采用夯实机械。

b. 对含水率和孔隙比均较大的软基或含有机物质的黏性土层,宜采取换土处理。换土深度应视软层厚度而定。换填材料首先应选择强度高、透水性好的材料,如碎石土、卵砾土、中粗砂及强度较高的工业废渣,填料要求级配合理。

c. 在对台背填土重做压实处理的基础上,加设桥头搭板。

(2)车辙的处治方法。

对于车辙,现行《公路沥青路面养护技术规范》(JTG 5142)中提出了以下 4 种处治方法:

①车道表面因车辆行驶推移而产生的车辙,应将出现车辙的面层切削或铣刨清除,然后重铺沥青面层。在高速公路及一级公路上可采用沥青玛蹄脂碎石混合料(SMA)或 SBS 改性沥青混合料,或聚乙烯改性沥青混合料来修补车辙。

②路面受横向推挤形成的横向波形车辙,如果已经稳定,可将凸出的部分削除,在波谷部分喷洒或涂刷黏结沥青并填补沥青混合料,然后找平、压实。

③因面层与基层间有不稳定的夹层而形成的车辙,应将面层挖除,清除夹层后,重做面层。

④由于基层强度不足、水稳性能不好,使基层局部下沉而造成的车辙,应先处治基层,然后重做面层。

(3)波浪(搓板)的处治方法。

属于面层原因形成的波浪(搓板)可按下述方法进行维修:

①路面仅有轻微波浪或搓板,可采用下列方法之一予以处治:

a. 在高温季节路面发软时,利用重型压路机沿与路中心线成 45°角的方向反复进行碾压,以适当改善路面的平整度。

b. 在波谷部分喷洒沥青,并均匀撒铺适当粒径的矿料,找平后压实。

c. 将凸起部分铣刨削平。

②波浪(搓板)的波峰与波谷高差起伏较大时,应顺行车方向将凸出部分铣刨削平,并低于路面约 10mm。削除部分喷洒热沥青,再均匀撒铺一层粒径不大于 10mm 的矿料,扫匀、找平、压实。

③严重的、大面积波浪或搓板,应将面层全部挖除,查找原因,然后重铺面层。

a. 如果基层平整度太差,应将基层处治后再重铺面层。

b. 若面层与基层之间存在不稳定的夹层,面层在行车荷载的反复作用下推移变形而形成波浪(搓板),应挖除面层,清除不稳定的夹层后,喷洒黏结沥青,重铺面层。

c. 属于基层局部强度不足,或稳定性差等原因造成的波浪(搓板),应先对基层进行处治,再重做面层,其处治方法可参照上述有关做法。

(4)拥包的处治方法。

根据拥包产生的不同情况,可采用下列处治方法:

①属于施工时操作不慎,将沥青漏洒在路面上形成的拥包,将拥包除去即可。

②已趋于稳定的轻微拥包,将拥包采用机械刨削或人工挖除。如果除去拥包后,路表不够平整,可刷少量沥青,再撒铺上适当粒径的矿料后扫匀、整平。

③因面层沥青用量过多或细料集中而产生的较严重拥包,应用机械或人工将拥包全部除去,并低于路面约 10mm。扫尽碎屑、杂物及粉尘后用热沥青混合料填平并压实。

④如果路面连续多处出现拥包且面积较大,但路面基层仍属稳定,则应将有拥包的路面面层全部挖除,然后重做面层。

⑤因基层局部含水率过大,使面层与基层层间结合不良而被推移变形造成的拥包,应把拥包连同面层一起挖除,将水分晾晒干,或用水稳定性较好的材料更换已变形的基层,再重做面层。

⑥属于基层局部强度不足或水稳性不好,使基层松软而导致的拥包,应将面层和基层完全挖除。如果土基中含有淤泥,还应将淤泥彻底挖除,换填新料并夯实;在地下水位较高的潮湿路段,应采取措施引出地下水并在基层下面加铺一层稳定性好的材料,最后重做面层。

⑦修补时应采用与原路面结构相同或强度较高的材料。如受条件限制,对面积较小的修补,可采用现场冷拌的乳化沥青混合料,但应严格控制矿料的级配和沥青用量。若冬季挖补拥包,在面积较小时,可采用配制好的常温沥青混合料,直接铺入槽内,及时碾压成形,但要选择好常温沥青混合料的级配类型和松铺系数。

4.其他类病害的处治

(1)泛油的处治方法。

根据泛油的严重程度,选择不同的方法进行处治。

①对泛油的路段,应先取样做抽提试验测定出油石比,然后采取相应的处治措施。

②只有轻微泛油的路段,可撒布3~5mm粒径的石屑或粗砂,并控制行车碾压。

③泛油较重的路段,可先撒布5~10mm粒径的碎石,控制行车碾压;待稳定后,再撒布3~5mm粒径的石屑或粗砂,并引导行车碾压。

④面层含油量高,且已形成软层的严重泛油路段,可先撒布一层10~15mm粒径碎石,用压路机将其强行压入路面,待基本稳定后,再分次撒上5~10mm粒径的碎石,并引导行车碾压成形。

注意事项:

①处治时间选择在泛油路段已出现全面泛油的高温季节。

②撒料应顺行车方向,先粗后细;做到少撒、薄撒、匀撒,无堆积、无空白。

③禁止使用含有粉粒的细料。

④引导行车碾压,使所撒石料被均匀地压入路面。

⑤在行车碾压过程中,应及时将飞散的粒料扫回,待泛油稳定后,将多余浮动的石料清扫并回收。

(2)磨光的处治方法。

①对已磨光的沥青面层,可用路面铣刨机直接恢复其表面的粗糙度。

②对高速公路、一级公路的沥青路面,石料棱角被磨掉,路面光滑,摩擦系数低于要求时,应加铺抗滑层。

③对表面过于光滑,摩擦系数特别小的路段,应做封层或罩面处理。

a.封层可以采用拌和法或层铺法施工的单层表面处治,也可以用乳化沥青稀浆封层。

b.罩面宜采用拌和法。

c.封层与罩面前,应先处治好旧路面上的各种病害,若旧路表面有沥青含量过多的薄层,应将其刮除掉后喷洒黏层油。罩面及封层的技术要求应符合现行《公路沥青路面施工技术规范》(JTG F40)的规定。

思考题

1. 沥青路面技术状况等级如何划分?
2. 沥青路面技术状况评价指标有哪些?
3. 简述公路沥青路面日常养护的要求。
4. 简述沥青路面初期养护和日常养护的规定。
5. 沥青路面的病害类型如何划分?

项目 2　高速公路沥青路面养护作业控制区

掌握高速公路沥青路面养护期间作业控制区的设置方法和要求。

高速公路沥青路面养护期间作业控制区的布置、设施与要求。

近年来，我国高速公路建设得到了迅猛发展，对国家的经济和社会发展起到了极大的促进作用。但是，随着交通量的不断增大，特别是特大超重车辆的日益增多，给高速公路带来了灾害性损坏，大大缩短了高速公路的使用寿命，如路面裂缝、沉陷、车辙、网裂、松散、拥包等病害陆续出现，全国高速公路正面临大量养护需求，保证高速公路路面养护修复期间的安全则显得格外重要。

一、设置维修作业控制区的意义

高速公路车速快、车辆多，一旦发生安全事故，后果不堪设想，每年因道路养护作业造成交通事故的情况屡见不鲜。按照现行《公路养护安全作业规程》(JTG H30)的规定布置高速公路路面养护作业控制区，合理地引导、限制和组织，以保证驾乘人员和养护作业人员的安全。

二、高速公路养护作业控制区的布置、设施与要求

1. 养护作业控制区的布置

高速公路养护作业区交通控制要严格按照部颁《公路养护安全作业规程》(JTG H30—2015)要求设置养护作业控制区。养护作业控制区由警告区、上游过渡区、缓冲区、工作区、下游过渡区及终止区组成，具体布置如图 2-1 所示。

(1)警告区的最小长度 S。

按设计行车速度 100~120km/h 计算，S 确定为 1600m。

(2)上游过渡区的最小长度 L_s。

当封闭车道或硬路肩(紧急停车带)时，必须设置过渡区。过渡区的设置应使车流的变化平缓。

车道封闭上游过渡区的最小长度 L_s，由封闭车道的宽度和限制车速来确定。按照限制车速 60km/h 计算，当封闭车道宽度为 3.0m、3.5m、3.75m 时，L_s 确定为 70m、90m、90m。一般情况下，封闭车道宽度为 3.75m，L_s 为 90m。

项目2　高速公路沥青路面养护作业控制区

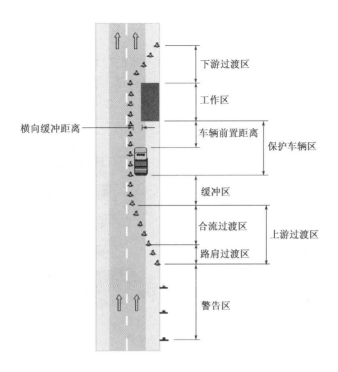

图 2-1　养护维修作业控制区组成

隧道内车道封闭上游过渡区 L_s 取值为上述规定的 1.5 倍。

路肩封闭上游过渡区的最小长度 L_s，由封闭路肩的宽度和限制车速来确定。按照限制车速 60km/h 计算，当封闭路肩宽度为 1.5m、1.75m、2.5m、3.0m、3.5m 时，L_s 确定为 20m、20m、30m、40m、50m。一般情况下封闭路肩按实际路肩宽度全部封闭，根据路肩全宽确定 L_s。

（3）缓冲区的最小长度 H。

一般情况下，$H=50m$。对交通量特别大的路段，$H \geqslant 100m$，弯道陡坡路段可视情况将 H 加长，以最大限度地满足行车视距的要求，缓冲区域只留一个车道供车辆通行。

（4）工作区长度 G。

工作区长度根据养护作业的要求确定。在改变交通流方向的单向两车道养护维修作业时，G 的取值按照中央分隔的长度和实际维修作业的长度来确定，在维持车辆通行的情况下 G 的取值不得超过 4km。

（5）下游过渡区最小长度 L_x。

一般情况下，$L_x=30m$。对交通量特别大的路段，$L_x \geqslant 50m$，有施工车辆从下游过渡区出入时，应用锥形路标隔离供施工车辆专用，最大限度地满足车辆并道安全要求。

（6）终止区最小长度 Z。

一般情况下，$Z=30m$。

2. 养护作业控制区的安全设施

设置养护安全设施的目的是保护养护作业人员和设备安全，警告、提醒和引导车辆通过养护作业控制区域，加强安全防范意识。在养护作业中，可用作渠化交通的安全设施有锥形交通路标、安全带、路栏、施工隔离墩和防撞桶(墙)等。以下规定了几种最常用标志的要求。

(1)锥形交通路标。

锥形交通路标由橡胶等柔性材料制成,底部有一定的摩阻性能。形状为圆锥形,其颜色红白相间,高度不小于70cm(不含警告灯号),具有反光功能,并完全符合现行《道路交通标志和标线 第5部分:限制速度》(GB 5768.5)的规定,如图2-2所示。

图2-2 锥形交通路标

在上游过渡区起点至下游过渡区之间设置锥形交通路标。布设间距工作区及下游过渡区内为5m;上游过渡区及缓冲区内适当加密,缓冲区内间距不大于2m。

(2)路栏。

路栏由刚性材料制成,具有反光功能,其颜色、尺寸、形状符合现行《道路交通标志和标线 第5部分:限制速度》(GB 5768.5)规定,如图2-3所示。缓冲区与工作区交界处的路栏上部要求安装施工警告灯号。

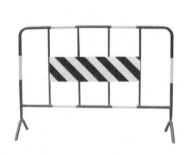 

图2-3 路栏

(3)移动式标志车。

带有动力装置或可移动装置(拖车)的具有供电设备的安全警示设施。其颜色为醒目的黄色,安装有黄色施工警告灯号,其后有醒目标志牌,图案和显示形式可按实际需要改变,如图2-4所示。使用时,其尾部应面向交通流方向,设置于缓冲区内;每封闭路段两端各设置两套移动标志车,24h开启警告灯号。

图 2-4 移动式标志车

(4)夜间照明设施。

当夜间进行养护作业时,应设置照明设施。照明必须满足作业要求,并覆盖整个工作区域。

当进行养护作业时,应顺着交通流方向设置安全设施。当养护作业完成后,应逆交通流方向撤除为养护作业而设置的有关安全设施,恢复正常交通。撤除设施的人员及有关车辆等设备要在封闭区内行驶。

3. 养护作业控制区基本要求

养护作业控制区布置应考虑养护作业的内容与要求、时间和周期、交通量、经济效益等因素,控制区内交通标志的设置必须合理、前后协调,起到引导车流平稳变化的作用。

(1)工作区应设置工程车辆专门的进口和出口,进出口应设置在顺行车方向的下游过渡区内。

(2)同一方向不同断面的不同车道不宜同时进行养护作业;当必须同时作业时,其控制区布设间距不小于 2000m。如果条件允许,应当尽可能加大间距。

(3)同一方向相同断面相同车道同时作业时,其控制区布设间距不小于 2000m。如果条件允许,应尽可能加大间距。

(4)当单向 3 车道及以上公路的中间车道养护作业时,应与相邻一侧车道同时封闭。

(5)应利用作业上游的和相关高速公路上的可变信息标志 24 小时不间断地发布有关施工路段的信息及建议绕行路线等信息。

(6)在作业路段上下游的互通立交和有关高速公路收费站入口处设置明显标志,提示施工路段位置和建议绕行路线等信息。

(7)在警告区起始位置后 200m 处开始,每 200m 增设一块标志,共增设 3 块标志。第一块标志上注明封闭路段位置长度,第二块标志上注明封闭时间,第三块标志为体现以人为本、以车为本的温馨标志。

(8)在警告区内应设置施工标志、限速标志和车道变化标志。在上游过渡区起点至下游过渡区之间设置锥形交通路标;在缓冲区与工作区交界处布设路栏;控制区其他安全设施可视具体情况而定。

（9）在布置改变交通流方向的作业控制区时，与中央分隔带开口位置相结合，利用非作业控制区一侧的车道。当警告区范围内有入口匝道时，在匝道路肩外设置施工标志。

（10）作业控制区布置应符合规范要求。

三、高速公路养护作业区安全管理

（1）凡在高速公路上进行养护作业的人员必须穿着带有反光标志的安全标志服，从事工程管理工作的人员必须着带有反光标志的橘红色背心。

（2）凡在高速公路上进行养护作业的机械设备均要严格管理，保证设备在安全区域内正常施工，施工车辆需悬挂明显的施工标志，进出工作区要有专人指挥，并设有专门出入口。

（3）交通控制区两端施工单位24小时维持交通。交通控制区内所有安全设施由专人24小时看护，对锥形交通标志进行维护，不得因任何原因致使出现缺损、歪斜等情况。

（4）加强对缓冲区、借道通行区、下游过渡区及活动护栏出入口路面出现的坑槽、波浪拥包、高低差等影响行车的病害进行技术处理，保持路面平整，以便车辆通行。

（5）业主代表、施工单位、监理单位均要成立安全生产管理机构，建立健全的安全生产管理制度，业主代表要制定切实可行的安全生产和交通控制方案及奖惩措施，保障道路安全畅通、工程顺利开展。

（6）管理单位在施工路段安排专门的路政巡查车，保证路政人员现场值勤，具体负责现场交通控制、疏导车辆、处置突发情况及监督、检查施工单位交通管理人员的工作。

（7）积极与公安交通部门配合，对施工路段出现的车辆故障及交通事故及时疏导和处理，避免出现大的压车和堵车现象。

高速公路养护工程实施过程中请依据本规定要求对作业区进行规范化管理，除符合本规定外，还应符合国家有关规定。

思考题

1. 道路养护施工安全标志有哪些？其作用是什么？
2. 养护作业控制区有哪些？
3. 常见的养护作业区应如何进行养护作业布置？

项目 3　沥青路面裂缝维修施工技术

任务 3.1　直接灌缝施工技术

学习目标

掌握高速公路沥青路面直接灌缝施工技术。

学习重点

高速公路沥青路面直接灌缝施工流程及技术要求。

一、适用范围

适用于沥青路面裂缝宽度大于或等于 10mm 的重度裂缝,灌缝材料可采用改性沥青砂或橡胶沥青灌封胶。

二、施工工艺流程及控制要点

直接灌缝施工工艺流程及控制要点如图 3-1 所示。

三、施工技术要求

1. 清缝

根据前期调查所确定的修补范围,用钢丝刷清除表面污物和裂缝边缘松散物,使用工业吸尘器将缝内杂物吸出,或使用森林灭火器将缝内杂物吹干净。现场技术人员检查清缝,合格后方可进行下一道工序,如图 3-2、图 3-3 所示。

2. 加热除湿

使用液化气热气喷枪与路面保持约 10cm 的距离,对缝壁进行均匀加热烘干,确保裂缝内部干燥。

3. 灌缝

当使用改性沥青砂灌缝时,沥青砂温度应大于 120℃,从保温桶中取出沥青砂,沿裂缝的一端向其另外一端连续填筑并立即采用捣棍或自制夯实器械夯实,表面微高于原路面不超过 3mm,要求表面饱满、均匀、密实、平整,如图 3-4 所示。

当使用专用灌封胶时,采用热熔灌缝机将加热到适用温度的灌封胶沿裂缝的一端向另一端灌注,外观要求饱满、无气泡、无流淌、均匀、平整。对于表面不平整或多余灌封胶,宜用灰刀进行修整。

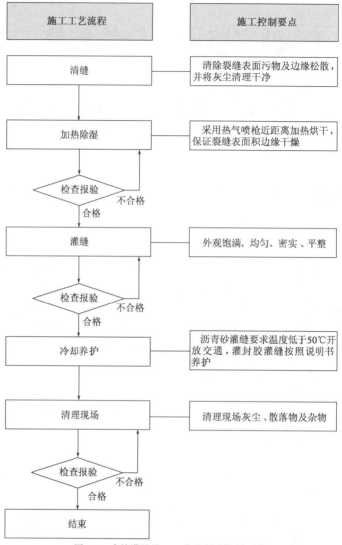

图 3-1　直接灌缝施工工艺流程及控制要点

图 3-2　确定位置

图 3-3　缝隙清理

a)人工灌缝　　　　　　　　　　b)灌缝枪灌缝

图 3-4　灌缝

4.冷却养护

使用改性沥青砂灌缝时,开放交通温度应低于50℃。使用专用灌封胶时,应按照专用灌封胶使用说明要求养护。

5.清理现场

用扫帚将施工现场的灰尘、散落物清理干净,杂物放入垃圾桶中。

任务 3.2　开槽灌缝施工技术

学习目标

掌握高速公路沥青路面开槽灌缝施工技术。

学习重点

高速公路沥青路面开槽灌缝施工工艺流程及技术要求。

一、适用范围

适用于沥青路面裂缝宽度大于或等于5mm且小于10mm的重度裂缝,灌缝材料可采用改性沥青砂或橡胶沥青灌封胶。

二、施工工艺流程及控制要点

开槽灌缝施工工艺流程及控制要点,如图3-5所示。

三、施工技术要求

1.施工机械准备

使用设备前,应进行例行检查,如燃油箱存油量、机油油位、管路、软管接头情况及零部件紧固情况。

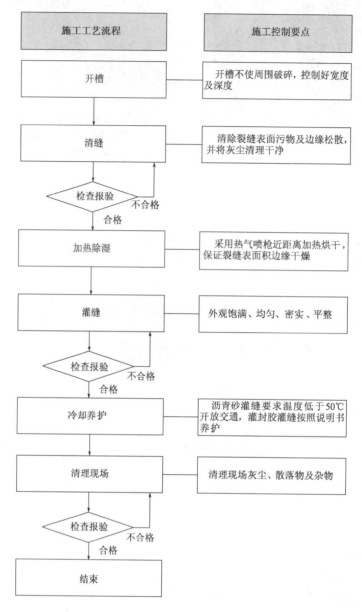

图 3-5 开槽灌缝施工工艺流程及控制要点

2. 现场准备

按交通施工安全规定摆放安全警示牌、锥形交通路标等设施,确保施工场地安全及过往行车安全。

3. 开槽

按养护设计要求调整开槽宽度及深度,沿路面不规则裂缝进行跟踪,开出均匀凹槽,如图 3-6 所示。

项目3　沥青路面裂缝维修施工技术

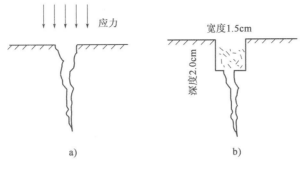

图 3-6　开槽要求
a) 开槽前；b) 开槽后

4. 吹尘

使用高压吹尘机对开槽后路面进行高压除尘(图 3-7)，使开槽后的路面无尘砂、无残留老料，检查合格后再进行下一道工序。

5. 加热

一方面，热气喷枪可以去除潮湿路面中的水分，形成一个干燥的结合面；另一方面，热气喷枪所产生的热量可瞬间对路面沥青进行加热，软化路面沥青混凝土结构面层，使热熔灌缝材料与路面形成热接触效应，增加路面与材料之间的黏结性。检查合格后再进行下一道工序。

图 3-7　清理开槽

6. 灌缝

操作人员手执灌缝枪，随热气喷枪之后进行灌缝。灌缝时需选用压力注射式灌缝设备，确保缝槽内不存留空气。可选用拉式或拖式走向，完成裂缝密封，如图 3-8、图 3-9 所示。

图 3-8　灌缝

图 3-9　修复完成

7. 开放交通

待材料表干后方可开放交通。

任务 3.3　贴缝带封缝施工技术

掌握高速公路沥青路面贴缝带封缝施工技术。

高速公路沥青路面贴缝带封缝施工流程及技术要求。

一、适用范围

贴缝带封缝适用于沥青路面上面层裂缝宽度小于5mm的裂缝顶面封闭,贴缝材料采用专用沥青路面贴缝带。

二、施工工艺流程及控制要点

贴缝带封缝施工工艺流程及控制要点如图3-10所示。

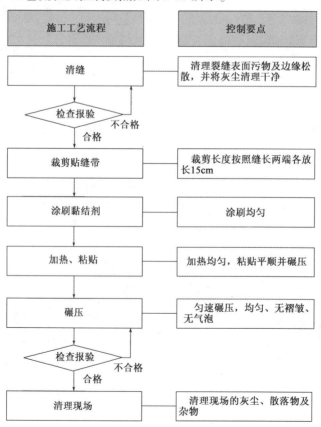

图 3-10　贴缝带封缝施工流程及控制要点

三、施工技术要求

1. 施工准备

施工前,应找出路面裂缝,对于宽度小于5mm的路面裂缝直接使用贴缝带,对于裂缝宽度大于5mm的严重裂缝的路段,采用沥青灌缝后再使用贴缝带对其进行有效处治。

2. 清缝

使用钢丝刷、工业吸尘器或森林灭火器对选择使用贴缝带的裂(接)缝进行清洁干燥处理,将路面裂缝以及裂缝两侧200mm范围内的路面同时清理干净。裂缝表面须平整,无突起,无凹陷,无松散,无碎石或油痕、油脂及其他污物,如有坑槽,必须填补,如图3-11、图3-12所示。

图3-11　清缝

图3-12　吹尘

3. 裁剪贴缝带

根据裂缝宽度选择适当宽度的贴缝带,贴缝带长度按照裂缝两端各放长15cm计算,如图3-13所示。

4. 涂刷黏结剂

使用贴缝带说明要求的黏结剂,由裂缝的一端向另一端均匀涂刷,不得漏涂和多涂。

5. 加热、粘贴

揭去贴缝带保护膜,将高黏结材料层朝下对准裂缝,用手指按压贴缝带和裂缝两侧,从一端向另一端粘贴,直至覆盖整个裂缝,要求贴缝带中间不能有气泡及褶皱。如遇不规则的裂缝,可用剪刀将贴缝带切断,按裂缝的走向跟踪粘贴。在贴缝带的接合处,宜形成80~100mm的重叠,如图3-14所示。

若气温低于15℃,应使用热气喷枪对贴缝带进行适当加热,以无流淌为宜。加热后再按照上述方法粘贴。

6. 碾压

粘贴完贴缝带后用铁制推辊碾压,将贴缝带熨贴至地面,以确保贴缝带同路面结合成为一体。不能有气泡、皱褶,以保证贴缝带和路面充分结合,如图3-15所示。

图3-13　贴缝带准备

图3-14　贴缝带

7. 清理现场

用扫帚将施工现场的灰尘、散落物清理干净，杂物放入垃圾桶中，完成修复，如图3-16所示。

图3-15　贴缝带碾压

图3-16　碾压完成

8. 开放交通

待材料表干后开放交通。

任务3.4　注射封缝施工技术

学习目标

掌握高速公路沥青路面注射封缝施工技术。

学习重点

高速公路沥青路面注射封缝施工流程及技术要求。

一、适用范围

适用于裂缝宽度小于或等于 2mm 的轻度裂缝，材料可采用硅酮、聚氨酯及聚硫胶等。

二、施工工艺流程及要点

注射封缝施工工艺流程及控制要点如图 3-17 所示。

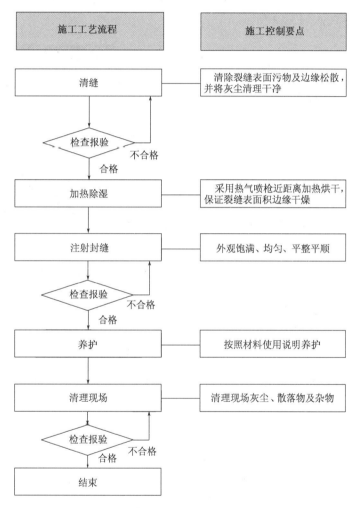

图 3-17　注射封缝施工工艺流程及控制要点

三、施工技术要求

1. 清缝

用钢丝刷清除表面污物和裂缝边缘松散物，使用工业吸尘器将缝内杂物吸出，或使用森林灭火器将缝内杂物吹干净，如图 3-18 所示。现场技术人员检查清缝，合格后方可进行下一道工序。

2. 加热除湿

使用液化气热气喷枪与路面保持约 10cm 的距离,对缝壁进行均匀加热,直至烘干,确保裂缝内部干燥。

3. 注射封缝

使用注射枪将密封材料沿裂缝的一端向另一端缓慢均匀地封闭于裂缝顶面,外观应饱满、平整、平顺、宽窄一致,如图 3-19 所示。

图 3-18　清缝　　　　　　　　　　图 3-19　注缝

4. 养护

按照材料使用说明要求养护。

5. 清理现场

用扫帚将施工现场的灰尘、散落物清理干净,杂物放入垃圾桶中。

6. 开放交通

待材料表干后开放交通。

任务 3.5　沥青路面裂缝维修养护质量标准

学习目标

掌握高速公路沥青路面裂缝维修养护质量评价及缺陷处理。

学习重点

高速公路沥青路面裂缝维修养护质量评价。

一、养护质量评价及缺陷处理

1. 养护质量评价

（1）外观。

①直接灌缝与开槽灌缝。采用改性沥青砂施工，要求灌缝表面饱满、均匀、密实、平整；采用灌封胶施工，要求灌缝饱满、无气泡、无流淌、均匀、表面平整。

②贴缝带封缝。要求表面平整、无气泡、无褶皱、黏结牢固。

③注射封缝。要求灌缝饱满、表面平整、平顺、宽窄一致。

（2）实测项目。

实测项目仅对直接灌缝与开槽灌缝的饱满程度进行检测，采用钢尺测定灌缝后表面封闭与原路面高差，要求高差不大于3mm。

2. 缺陷处理

沥青路面灌（封）缝施工原则上必须施工与缺陷处理同步进行，以过程控制为主，最终结果评价为辅，实现边施工、边检查、边处理、边认可。

（1）直接灌缝与开槽灌缝。

如果灌缝结束后达不到外观要求时，应查明原因，采取局部修补或清除灌缝材料重新灌缝。

（2）贴缝带封缝。

如果贴缝带施工结束后达不到外观要求时，应查明原因，使用热气喷枪对该处进行加热后拉展，用铁制推辊碾压至满足要求。

（3）注射封缝。

如果注射封缝施工结束后达不到外观要求时，应及时局部修补。

二、安全生产与文明施工

1. 安全生产

认真贯彻"安全第一，预防为主"的方针，并结合《江苏省高速公路养护工程施工安全技术规程》（DB 32/T 1363—2009）要求，组织养护施工，坚决制止违规行为。

（1）建立健全安全生产责任制。

①一批沥青路面灌（封）缝作为一个项目，由养护施工单位委任现场负责人，并与现场负责人签订安全责任状，由现场负责人对养护施工现场的安全总体负责。

②现场安全员负责安全检查、监督及指导工作，并做好安全日志。

③养护技术人员负责按照相关技术要求，监督及执行养护施工。

④施工机械设备操作手负责按照以上3类人员的指导及机械作规程操作机械设备。

（2）加强思想及教育，提高安全意识。

施工单位安全部门必须针本工程特点，对现场的4类人员进行安全培训，提高安全生产意识，并考核记录。

(3)加强监督管理,消除隐患。

结合本工程特点,在施工中随时监督检查安全隐患,即时处治,防患于未然,体现"预防为主"的方针。具体要求如下:

①现场设置明显的提前预告施工标志,摆放锥形交通标、警示标志及指示标志等道路安全设施,对施工路段进行封闭,施工人员穿着反光背心,同时配置专业人员疏导交通和安全管理。

②施工材料必须堆放在养护围挡范围之内,严禁将材料堆放在围挡区之外。

③养护设备必须在作业区内作业,严禁超出围挡区的地面范围及空中范围作业。

④养护施工必须在满足安全的前提下规范施工,同时在保证规范施工的情况下,消除安全隐患,施工技术人员必须按照规范相关要求指导施工,消除由于施工技术方面引起的安全隐患。

⑤对于可能出现安全问题的环境隐患,安全员应及时发现,及时指导处理。

2. 文明施工

(1)施工单位不得污染路面、桥面,或将生活垃圾抛弃在路面、边坡及桥下;凿除的路面废渣妥善保存,施工结束后清运到指定位置;沥青混凝土开槽时须采取有效措施防止污染路面。

(2)清缝吹扫时不得正对通行车道,以免影响行车安全。

(3)沥青路面灌缝材料不得污染路面,否则应及时铲除,恢复路面原貌。

(4)施工用的机具、设备应采取严格措施,避免漏油污染路面。如发生路面污染,应在当天收工前用洗涤用品清洗,恢复至原样。

(5)施工现场应做到布置井然有序,机械设备及小型工具放置在安全围挡区域内,安全标志清洁、反光清晰、摆设合理。

三、验收与计量

(1)沥青路面灌(封)缝施工质量应边施工、边验收,逐条进行,根据上述评价方法、项目及"沥青路面灌(封)缝方案及计划表",填写"沥青路面维修记录表"并现场签字确认,再填写"养护工程报验单",现场签字确认。

(2)根据现场确认的相关验收记录凭证进行工程计量。

四、施工用表

(1)养护工程报验单(表3-1)。

(2)沥青路面灌(封)缝方案及计划表(表3-2)。

(3)沥青路面维修记录表(表3-3)。

(4)工程计量表(表3-4)。

高速公路江苏段养护工程市段

承包单位：＿＿＿＿＿＿＿＿＿＿ 合同号：＿＿＿＿＿＿＿＿＿＿

监理单位：＿＿＿＿＿＿＿＿＿＿ 编　号：＿＿＿＿＿＿＿＿＿＿

养护工程报验单　　　　　　　　　　　　　　　　表 3-1

致养护工区：
根据养护作业通知单的要求，已完成，并经自检合格，报请查验。
附件：1. 质量自检资料(报查)；
2. 工程量计算资料。
承包人：
年　月　日

养护工区查验结果：□优良　□一般　□整改						
项目编号	项目名称	桩　号	方　向	申报工程量	验收工程量	质量描述及意见

养护工区现场监管人员意见：
签名：
年　月　日

养护工区负责人意见：
签名：
年　月　日

沥青路面灌(封)缝方案及计划表

表 3-2

序号	计划类型	施工桩号	方向	车道位置	裂缝宽度	维修方法	维修数量(m)	材料类型	计划施工日期	责任人
1	拟报					(1)直接灌缝; (2)开槽灌缝; (3)贴缝带封缝; (4)注射封缝		(1)改性沥青砂; (2)改性沥青; (3)灌封胶; (4)其他		签字: 日期:
	核实					(1)直接灌缝; (2)开槽灌缝; (3)贴缝带封缝; (4)注射封缝		(1)改性沥青砂; (2)改性沥青; (3)灌封胶; (4)其他		意见: 签字: 日期:
2	拟报					(1)直接灌缝; (2)开槽灌缝; (3)贴缝带封缝; (4)注射封缝		(1)改性沥青砂; (2)改性沥青; (3)灌封胶; (4)其他		签字: 日期:
	核实					(1)直接灌缝; (2)开槽灌缝; (3)贴缝带封缝; (4)注射封缝		(1)改性沥青砂; (2)改性沥青; (3)灌封胶; (4)其他		意见: 签字: 日期:
3	核增					(1)直接灌缝; (2)开槽灌缝; (3)贴缝带封缝; (4)注射封缝		(1)改性沥青砂; (2)改性沥青; (3)灌封胶; (4)其他		签字: 日期:

注:维修方法和材料类型通过打钩确定;若核实后为核减,在"意见"中签"核减"并签字;若有增加项目,在"核增"栏内填写,并在"责任人"栏内签字。

沥青路面维修记录表

表 3-3

实施单位					施工负责人		
维修设备					施工日期		
天气	气温：℃；晴（ ）；阴（ ）；小雨（ ）；中雨（ ）；大雨（ ）；下雪/积雪（ ）；无风（ ）；微风（ ）；大风（ ）；狂风（ ）						
选项代码	病害类型	A. 轻度裂缝（m）；B. 重度裂缝（m）					
	维修方法	A. 直接灌缝；B. 开槽灌缝；C. 贴缝带封缝；D. 注射封缝					
	材料类型	A. 改性沥青砂（T）；B. 灌封胶（kg）；C. 其他：					
	其他选项	"位置"填写：行1，行2，行3，停；"维修类型"填写：正常，临时，应急；"质量自评"填写：优良，合格，不合格					
序号	施工桩号	方向	车道位置	病害类型	维修方法	维修数量（m）	材料类型	评价项目及结果	质量自评
1									
2									
3									
4									

维修人员：　　　　　　　　　　　　　　　　　　现场负责人：

签名：　　　　　　　　　　　　　　　　　　　　　签名：
日期：　　　　　　　　　　　　　　　　　　　　　日期：

工 程 计 量 表　　　　　表 3-4

报验单编号		桩号位置		方向	
项目编号		项目名称		工程量	

计算过程(计算式、草图、几何尺寸)：

承包人：
年 月 日

养护工区现场意见：

签字：
年 月 日

养护工区负责人意见：

签字：
年 月 日

思考题

1. 沥青路面裂缝根据裂缝宽度不同分为哪几种?
2. 沥青路面龟裂根据程度不同分为哪几种?
3. 什么是沥青路面网裂?
4. 简述沥青路面开裂的原因。
5. 简述沥青路面裂缝的处治方法。

项目4 沥青路面挖补技术

掌握高速公路沥青路面挖补技术及养护质量评价。

高速公路沥青路面挖补技术。

一、适用范围

沥青路面挖补方法是将小面积的、使用功能无法满足要求的旧沥青路面挖除后,铺筑新的沥青混合料并压实成形,达到满足路面使用功能要求的养护施工方法,该方法适用于沥青路面的日常养护病害处理中遇到的问题。

1. 坑槽

坑槽是指在行车荷载作用下,路面集料局部脱落而产生的坑洼,如图4-1所示。

图4-1 坑槽

2. 重度龟裂

重度龟裂是指在重复交通荷载作用下,沥青面层或稳定基层老化破坏产生的一系列相互贯通的裂缝,如图4-2所示。

3. 重度块裂

重度块裂是指缝宽、裂缝区有散落,裂缝宽度在3mm以上,主要裂缝块宽度为0.5~1.0m,如图4-3所示。

图 4-2　重度龟裂

图 4-3　重度块裂

4. 重度松散

重度松散是指路面粗集料散失，表面出现脱皮、麻面、露骨、剥落、小坑洞等损坏，如图 4-4 所示。

图 4-4　重度松散

5. 重度沉陷

重度沉陷是指深度大于25mm，正常行车有明显感觉，如图4-5所示。

图4-5　重度沉陷

6. 拥包

拥包是指由于局部沥青面层材料移动而在路面表面形成的有规律的纵向起伏，波峰波谷间隔很近。小面积拥包，铣刨处理后不能达到平整要求的，如图4-6所示。

图4-6　拥包

7. 其他

小面积表层病害挖除后的修补处理的情况。

二、施工工艺流程及控制要点

从坑槽开挖到沥青混合料压实成形，不超过24h，具体施工工艺流程及控制要点如图4-7所示。

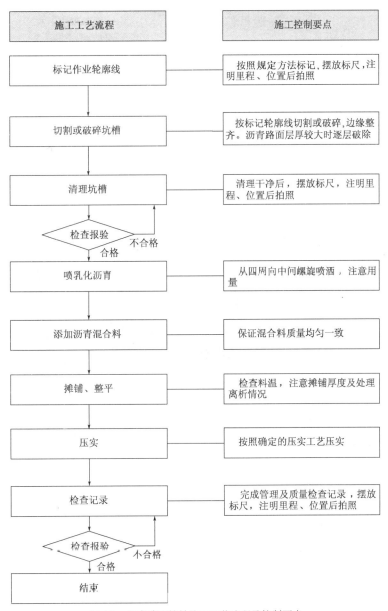

图4-7 沥青路面挖补施工工艺流程及控制要点

三、施工技术要求

1. 标记作业轮廓线

标记坑槽轮廓线(图4-8),并摆放标尺,注明里程、位置后拍照。

2. 切割或破碎坑槽

使用液压镐或锯缝机配合液压镐对标识区域破除成矩形,或采用铣刨机铣刨成槽。当坑槽处理深度较大时,需逐层破碎处理,如图4-9所示。

图 4-8　确定坑槽尺寸

图 4-9　坑槽开挖

3. 清理坑槽

将槽底、槽壁处已经松散的旧沥青料凿除并移出坑槽，用高压鼓风机吹风管将槽底、槽壁处的粉尘吹除，清理后的坑槽面必须无积水，用手指触摸后，以指不留灰为宜。清理结束后，摆放标尺，注明里程、位置后拍照，如图 4-10 所示。

图 4-10　坑槽清理

4. 喷洒乳化沥青

(1)喷洒顺序。

先喷洒修补区域四周边缘部分,然后喷洒中间。

(2)喷洒方法。

喷洒时要轻轻扣动喷枪扳机,使乳化沥青呈雾状喷出,不要使其形成喷射流。同时必须在周围被加热的完好路面上适量喷洒乳化沥青。向旧沥青料喷洒少许乳化沥青并充分拌和,如图4-11所示。

图4-11　喷洒乳化沥青

(3)乳化沥青用量。

用量视病害路面沥青含量而定,过少会影响沥青混合料再生能力及与周围旧路面黏结,过多则会导致沥青路面空隙率降低并泛油,一般以碾压时光亮但不泛油为宜,参考喷洒量为$0.45L/m^2$。

5. 添加沥青混合料

启动修补专用设备料仓螺旋输送器,给需修补的坑槽中添加新料,施工当天第一次出料应弃除先送出的少量冷料及被柴油污染的沥青料,保证添加新料的质量及其均匀性。添加沥青混合料时,应多次分批添加,避免产生离析现象,如图4-12所示。

图4-12　摊铺混合料

6. 摊铺、整平

在沥青混合料摊铺之前，温度宜控制在130℃以上，并合理安排施工，最终保证碾压终了温度大于或等于80℃。如发现摊铺温度稍低于130℃，应加快施工，保证及时碾压，确保沥青混合料温度大于或等于80℃时被压实。同时，根据沥青混合料实测温度调整养护车保温系统，适当上调混合料摊铺温度。

摊铺时，用耙将沥青料摊平，并将较大颗粒沥青混合料摊至修补区域的下层，四周边缘部分用较细颗粒料。需要注意的是，应从边缘开始向中间摊铺。

用沥青修整板整理修补区边缘，使其周围无缝隙和缺口，且饱满。整平、去除余料，并将路面修平。新铺路面的松铺厚度可根据试验和经验确定，确保压实后的路面与原路面衔接平顺。

摊铺过程中如发现花白料，需立即清除，采用拌和均匀的沥青混合料。同时，检查保温车中的混合料是否存在该情况，如存在，需废弃该混合料，采用合格的沥青混合料进行现场施工。对产生花白料的原因从沥青混凝土拌和楼的集料烘干效果、拌和时间等方面分析并解决问题，保证运输到现场的混合料满足要求。

7. 压实

用激振力20kN平板振动夯或手扶单（双）钢轮振动压路机。

(1) 碾压顺序。

由低处向高处碾压，先横缝后纵缝，最后碾压中间部分。

(2) 碾压方法。

按照选定机械的试验工艺方法或使用说明推荐的碾压方法施工。

(3) 碾压注意事项：

①碾压新旧料接缝时，至少要有10～20cm的延伸量。

②一般压实后的新路面应比旧路面高出1～3mm。

③如果坑槽的深度大于6cm，则需分层填充沥青料，并分层压实；且边角处应用人力夯或手持式振动夯夯实；最后，精心整平、压实路面，方法同前，如图4-13所示。

图4-13 压实混合料

四、养护质量评价及缺陷处理

1.养护质量评价

(1)外观。

坑槽边口应规整竖直;表面粗细均匀,无毛细裂缝;碾压紧密,无明显轮迹;接茬密实,无起壳、松散。

(2)实测项目。

路面养护质量应按照表4-1中的指标检查记录,每挖补施工段至少记录1次。

高速公路沥青路面挖补质量实测项目　　　　　　　　　　表4-1

项次	项目	规定值与允许偏差	检验方法
1	凿边	四周修凿垂直,不得倾斜,凿边宽度不小于50mm,深度不小于原结构层厚	用尺量
2	铺筑	(1)面层铺筑厚度为 −5mm, +10mm; (2)细粒式沥青混凝土面层厚度不得小于30mm,粗粒式沥青混凝土面层厚度不得小于50mm,中粒式沥青混凝土面层厚度不得小于40mm	用尺量
3	接茬及平整度	(1)与平石相接不得低于平石,高度不得大于5mm; (2)新旧接茬密实,平顺齐直,不得低于旧路面,高度不得大于5mm	用尺量
4	压实度	小面积严禁钻芯,宜采用工艺控制或无损检测方法	工艺控制或无损检测

2.缺陷处理

(1)凿边不整齐。

重新按照坑槽的凿除要求修整坑槽,保证坑槽边线横平竖直,并与路线中线平行或垂直,检查合格后再按照工艺流程施工。

(2)凿除深度不够。

坑槽的凿除深度必须大于或等于旧沥青路面该层的结构厚度,当凿除深度不能满足评价要求时,需再向下凿除,直到满足深度要求。

(3)沥青路面表面过于粗糙且不均匀。

沥青混合料离析会导致表面粗糙不均匀。应铲除已摊铺好的混合料,按照工艺施工,重新放料。在养护施工中保证沥青混合料均匀的措施主要有:

①从保温车中放料时,不要一次放出所用的混合料,要多次放料。

②混合料摊铺要缓慢、均匀,按照工艺控制方法施工,保证表面均匀。

③保证混合料的摊铺温度达到规定范围。

④从源头控制混合料的级配,在保证混合料指标满足规范要求的同时,保证养护施工时混合料不离析。

(4)接茬不密实。

摊铺及碾压时,接缝未处理或处理不到位。对于接缝处集料过粗产生的不密实,可采用细料填充并碾压至密实,如接缝处起壳或松散,应将混合料清除后重新放料,按照工艺施工。

(5)接茬平整度不合格,新铺路面高于原路面5mm以上。

出现接茬平整度不合格是沥青路面施工时压实系数采用不准确,或者压实功不够引起的。在混合料温度高于终压温度时,可用压路机多压几遍,控制高差在5mm内。如温度过低或通过压实无法满足要求,需对该处挖补的沥青混凝土清除后重新施工。

(6)无损检测的压实度不够。

在混合料温度高于终压温度时,可用压路机多压几遍,直到检测压实度合格。如温度过低或通过压实无法满足要求,需对该处挖补的沥青混凝土清除后重新施工。

五、安全生产与文明施工

1. 安全生产

认真贯彻"安全第一,预防为主"的方针,并结合《江苏省高速公路养护工程施工安全技术规程》(DB 32/T 1363—2009)要求,组织养护施工,坚决制止违规行为。

(1)建立健全安全生产责任制。

①一批沥青路面挖补作为一个项目,由养护施工单位委任现场负责人,并与现场负责人签订安全责任状,由现场负责人对养护施工现场的安全总体负责。

②现场安全员负责安全检查、监督及指导工作,并做好安全日志。

③养护技术人员负责按照相关技术要求,监督及执行养护施工。

④施工机械设备操作手负责按照以上3类人员的指导及机械操作规程操作机械设备。

(2)加强思想及教育,提高安全意识。

施工单位安全部门必须针本工程特点,对现场的4类人员进行安全培训,提高安全生产意识,并考核记录。

(3)加强监督管理,消除隐患。

结合本工程特点,在施工中随时监督检查安全隐患,即时处治,防患于未然,体现"预防为主"的方针。具体要求如下:

①现场设置明显的提前预告施工标志,摆放锥形交通标、警示标志及指示标志等道路安全设施,对施工路段进行封闭,施工人员穿着反光背心,同时配置专业人员疏导交通和安全管理。

②施工材料必须堆放在养护围挡范围之内,严禁将材料堆放在围挡区之外。

③养护设备必须在作业区内作业,严禁超出围挡区的地面范围及空中范围作业。

④养护施工必须在满足安全的前提下规范施工,同时在保证规范施工的情况下,消除安全隐患,施工技术人员必须按照规范相关要求指导施工,消除由于施工技术方面引起的安全隐患。

⑤对于可能出现安全问题的环境隐患,安全员应及时发现,及时指导处理。

2. 文明施工

(1)施工单位不得污染路面、桥面,或将生活垃圾抛弃在路面、边坡及桥下;凿除的路面废渣妥善保存,施工结束后清运到指定位置;切割沥青混凝土时须采取有效措施防止污染路面。

(2)沥青路面修补材料不得污染路面,否则应及时铲除,恢复路面原貌。

(3)施工用的机具、设备应采取严格措施,避免漏油污染路面。如发生路面污染,应在当天收工前用洗涤用品清洗,恢复至原样。

(4)施工现场布置应井然有序,机械设备及小型工具放置在安全围挡区域内,安全标志清洁、反光清晰、摆设合理。

六、验收与计量

(1)沥青路面挖补施工质量应在每个坑槽修补施工时边施工、边验收,逐个进行,根据上述评价方法、项目及"沥青路面挖补方案及计划表",填写"沥青路面维修记录表"及"养护工程报验单",并在每个坑槽修补3张照片完善情况下,现场签字确认表单。

(2)根据现场确认的相关验收记录凭证进行工程计量。

七、附表

(1)养护工程报验单(表4-2)。
(2)沥青路面挖补方案及计划表(表4-3)。
(3)沥青路面维修记录表(表4-4)。
(4)工程计量表(表4-5)。

高速公路江苏段养护工程市段

承包单位：_____　　　　合同号：_____
监理单位：_____　　　　编　号：_____

养护工程报验单　　　　　　　　　　　　　　　　　　　　表 4-2

致养护工区：
根据养护作业通知单的要求，已完成，并经自检合格，报请查验。
附件：1. 质量自检资料（报查）；
2. 工程量计算资料。
承包人：
年　月　日

养护工区查验结果：□优良　□一般　□整改

项目编号	项目名称	桩　号	方　向	申报工程量	验收工程量	质量描述及意见

养护工区现场监管人员意见：
签名：
年　月　日
养护工区负责人意见：
签名：
年　月　日

沥青路面挖补方案及计划表

表 4-3

序号	计划类型	施工桩号	方向	车道位置	病害情况	维修方法	维修数量 m²	维修数量 m³	材料类型	计划施工日期	责任人
1	拟报					(1) 坑槽热补；(2) 坑槽冷补			(1) 沥青混凝土热补料；(2) 沥青混凝土热补料		签字：日期：
	核实										意见：签字：日期：
2	拟报					(1) 坑槽热补；(2) 坑槽冷补			(1) 沥青混凝土热补料；(2) 沥青混凝土热补料		签字：日期：
	核实										意见：签字：日期：
3	核增					(1) 坑槽热补；(2) 坑槽冷补			(1) 沥青混凝土热补料；(2) 沥青混凝土热补料		签字：日期：
4	核增					(1) 坑槽热补；(2) 坑槽冷补			(1) 沥青混凝土热补料；(2) 沥青混凝土热补料		签字：日期：

注：维修方法和材料类型打钩确定；若核实后为核减，在"责任人"栏"意见"中签"核减"并签字；若有增加项目，在"核增"栏内填写，并在"责任人"栏内签字。

沥青路面维修记录表

表 4-4

实施单位				施工负责人		
养护设备				施工日期		
天气	气温：℃；晴（ ）；阴（ ）；小雨（ ）；中雨（ ）；大雨（ ）；下雪（ ）；积雪（m²）；无风（ ）；微风（ ）；大风（ ）；狂风（ ）					
选项代码	病害类型	A. 块裂网裂（m²）；B. 坑槽（m²）；C. 松散（m²）；D. 沉陷（m²）；E. 唧浆（m²）；F. 拥包（m²）；G. 事故损坏（m²）				
	养护方法	A. 坑槽热补；B. 坑槽冷补；C. 预防性表处；D. 其他：				
	材料类型	A. 沥青混凝土（T）；B. 沥青（kg）；C. 沥青混凝土冷补料（T）；D. 快速水泥（T）；E. 其他：				
	其他选项	"位置"填写：行1、行2、行3、停；"养护类型"填写：正常，临时，应急；"质量自评"填写：优良、合格、不合格				
序号	施工桩号	方向	车道位置	病害类型	养护类型	养护方法	材料类型	养护数量（m²）	评价项目及结果	质量自评
1										
2										
3										
4										

养护人员： 现场负责人： 签名：
 签名： 日期：
 日期：

工 程 计 量 表　　　　　　　　　　表 4-5

报验单编号		桩号位置		方向	
项目编号		项目名称		工程量	

计算过程(计算式、草图、几何尺寸)：

承包人：
年　月　日

养护工区现场意见：

签字：
年　月　日

养护工区负责人意见：

签字：
年　月　日

思考题

1. 沥青路面挖补工艺适用于哪些常见的病害？
2. 简述沥青路面挖补工艺的流程。
3. 沥青路面挖补质量评价的内容有哪些？

项目5　薄层热拌沥青混凝土罩面技术

掌握高速公路薄层热拌沥青混凝土罩面技术及养护质量评价。

高速公路薄层热拌沥青混凝土罩面技术。

一、适用范围

薄层热拌沥青混凝土罩面是将密级配、开级配或间断级配的厂拌沥青混合料直接摊铺在路面上,厚度为 2~4cm 的薄层结构,具有代表性的混合料类型有 AC-13C、SMA-10 和 OGFC-10。

薄层热拌沥青混凝土罩面主要适用于消除沥青路面破损,恢复原路面平整度、改善路面性能的修复工作。消除的路面破损类型主要包括:

(1)轻微不规则裂缝。
(2)轻微龟裂。
(3)轻微车辙、麻面。
(4)轻微松散、泛油和磨光等。

二、准备工作

(1)施工现场的保通人员依据既定的保通方案和保通措施对施工现场进行交通标志牌的设置和封道,做好交通管制工作,为施工和道路车辆的顺利通行做好准备。

(2)将原沥青混凝土面层用铣刨机铣刨20mm,且使构造深度达到2mm以上,然后清理路面,不得有尘土、杂物或油污,铣刨之前,现场测量需修补的工作量,并做记录。

三、材料要求

1. 改性沥青

为提高施工质量控制水平,保证工程进度与质量,对于改性沥青应严格符合现行《公路沥青路面施工技术规范》(JTG F40)的要求。对于SBS改性沥青,其技术指标和试验方法应满足现行《公路工程沥青及沥青混合料试验规程》(JTG E20)的要求。

2. 石料

集料必须满足现行《公路沥青路面施工技术规范》(JTG F40)规定的物理力学性能要求,

并满足粒径规格要求,不满足规格要求的集料不得进场。

集料堆放场地必须硬化。集料进场应办理质量检验单和计量单。集料应采用分层堆放,以避免离析。

3. 矿粉

矿粉必须满足现行《公路沥青路面施工技术规范》(JTG F40)规定的物理力学性能要求,并满足粒径规格要求;矿粉应干燥、洁净;矿粉堆放应做好防潮、防水措施,结团结块的矿粉不得使用。

4. 混合料要求

热拌沥青混合料必须选用符合要求的材料,充分利用同类道路与同类材料的施工实践经验,经配合比设计确定矿料级配和沥青用量;热拌沥青混合料满足现行《公路沥青路面施工技术规范》(JTG F40)中规定的要求。

四、设备要求

下列设备根据养护施工规模和组织形式选择适当类型及数量。
(1)拌和机。
(2)运输车辆(有保温措施)。
(3)摊铺机。
(4)钢轮式、轮胎式、振动压路机。
(5)小型振动压(夯)实机械。
(6)安全保通设施等。

五、施工工艺流程及控制要点

热薄层罩面具体施工工艺流程及控制要点如图5-1所示。

六、施工技术要求

1. 施工前的调查准备

(1)原路面的调研评价工作。

对原路面的检测评定,除一般路况调查外,其核心内容还是承载能力的调查。

(2)罩面层的结构设计和材料的配合比设计。

根据调研评定的结果和工程实际情况,做好罩面层结构设计和配合比设计。

2. 原路面的处理

(1)原路面的铣刨。

罩面前必须把旧路面的所有破损部分处理好。必要时铺设整平层,并注意新旧面层的结合。在天气条件、交通组织、施工机械、材料等准备工作就绪的基础上,将施工路段范围内的原沥青凝土面层用铣刨机铣刨20mm以上,使构造深度达到2mm以上,然后清理路面,不得有尘土、杂物或油污,并确定铣刨的深度和长度,计算工程量,如图5-2～图5-4所示。

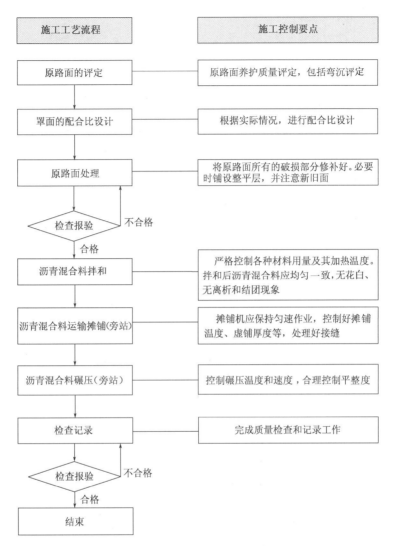

图 5-1 热薄层罩面施工流程及控制要点

图 5-2 原路面铣刨

图 5-3 铣刨后清理

图 5-4 吹尘

(2)喷洒黏层沥青。

黏层沥青应使用沥青洒布车喷洒,洒布车应符合本规定相关的技术要求。在路缘石、雨水进水口、检查井等局部应使用刷子进行人工涂刷,如图 5-5 所示。

图 5-5 喷洒黏层油

①喷洒黏层沥青前,应将沥青面层表面清扫干净,用森林灭火器吹净浮灰。当有沾黏的土块时,应用水刷净,雨后或用水清洗的面层,水分必须蒸发干净、晒干。

②当气温低于10℃或路面潮湿时,不得喷洒黏层沥青。

③乳化沥青洒布车应采用专用的洒布设备,具备良好的计量设施,确保均匀地按规定数量实施喷洒。黏层沥青应均匀洒布或涂刷,喷洒过量处应予以刮除。

④乳化沥青应待破乳、水分蒸发完后紧跟铺装沥青面层确保黏层不受污染。在此期间,严禁除沥青混合料运输车外的其他车辆、行人通过。

⑤每车乳化沥青施工单位均应取样检验,内容包括黏度、蒸发残留物含量以及蒸发残留物的针入度、延度、软化点等。黏层沥青施工每天上午、下午各检测一次洒布量,并随时观查洒布的均匀性。

3.混合料的拌制

根据配料单进料,严格控制各种材料用量及其加热温度。拌和后的沥青混合料应均匀一致、无花白、无离析和结团成块现象,放空管道中的沥青。做好各项检查记录,不符合技术要求的沥青混合料禁止出厂。

在实际施工中,每天提前一定时间(如1h)开始拌和,使混合料贮于拌和设备的贮料池中,以防止施工中由于拌和设备故障导致摊铺机停机。

拌和机开始试生产之前必须用计量装置进行检查和标定,以确保计量正确。在拌和厂生产过程中要经常注意冷料仓供料是否正常和热料仓受料与供料是否均衡。如发现异常现象,应及时分析研究,并进行调整。

4.混合料的运输

将混合料从拌和厂运到摊铺现场,必须用篷布覆盖运输车内的沥青混合料,以保持混合料的温度。在雨季施工时,运料车还应有防雨篷布,如图5-6所示。

图5-6 混合料运输

为了精确控制混合料数量,运料车装料或出厂时应进行称量,常用磅秤或使用拌和厂的自动称量系统,并记录每辆车装载的混合料质量,同时在混合料出厂时,签发一式三份的运料单,一份存拌和厂,一份交摊铺现场,一份交驾驶员。根据这些资料,可在事后推算某车混合料所铺筑的位置，便于质量跟踪检查。在摊铺现场应凭运料单收料，并检查沥青混合料的质量，如混合料的颜色是否均匀一致，有无白花料，有无结团或严重离析现象，温度是否在容许范围内。如果混合料的温度过高或过低，应废弃不用。已结块或遭雨淋的混合料也应废弃不用，如图5-7所示。

图5-7　现场测温

5.沥青混合料的摊铺

（1）摊铺机要求。

①当摊铺宽度较大，一台摊铺机的宽度一次无法完成时，应采用梯队摊铺，其相邻两幅的宽度重叠5~10cm；两机宜相距10~20m；上下两层之间的纵向接缝应错开约15cm以上。为控制成形路面的平整度、横坡度等指标，上面层宜采用一台摊铺机摊铺，但应有一台摊铺机备用，一是防止出现故障，二是在加宽段采用梯队摊铺。

②摊铺机应配备容量足以保证均匀连续摊铺作业的受料斗，保证上一车卸料完后，下一车料能及时供料，不致中途停机待料。此外，摊铺机还应装上自动进料控制器，并适当调节到能在整平板前方保持厚度均匀的沥青混合料。每车料摊铺完后不得收料斗。

③烫平板或整平组件应能有效地摊铺出具有所需平整度和纹理的装饰表面，而不会撕扯、推挤混合料或造成孔洞。

④混合料摊铺速度应与拌和机供料速度协调，保持匀速不间断地摊铺，不得中途停机。

⑤摊铺机应配备整平板自控装置，其一侧或双侧装有传感器，可通过外面的参考线探出纵坡和整平板的横坡，并能自动发出信号操作整平板，使摊铺机能铺筑出理想的纵横坡度。横坡控制器应能让整平板保持理想坡度，精度在±0.1%范围内。

⑥每台摊铺机应配备两台长度大于16m的自动找平装置（接触式平衡梁）或非接触式平衡组件，并牢固地安装在摊铺机两侧，与整平板自动控制的传感器组合使用，控制混合料铺面的摊铺厚度和平整度。

⑦如果自控系统在某天的工程中出了故障，可以用手控方式完成当天的工作，但首先必须肯定手控方法能取得满意的效果，然后须等到自控系统恢复正常运转后，方能继续施工。

⑧在形状不规则的部位及次要地区,当自控系统不能正常工作时,允许采用人工手控和补撒,如图5-8所示。

图5-8 人工补撒

⑨路缘、边沟、积水井和其他结构物的接触面上应均匀涂上一薄层沥青,然后在这些接触面上摊铺沥青混合料。

⑩沥青混合料的摊铺温度应符合要求,并应根据沥青标号、黏度、气温、摊铺层厚度合理选用。摊铺过程中应跟踪检查摊铺层厚度及横坡度,并按由使用的混合料总量与面积校验平均厚度,不符合要求时应根据铺筑情况及时进行调整。

(2)摊铺温度。

运到现场的混合料温度应满足要求,应按要求做好记录,整理好资料,如图5-9所示。

图5-9 摊铺后测温

当发现温度异常时,应立即通知现场技术负责人,现场技术负责人要求对拌和楼查明原因,并改正。现场负责人还应要求试验负责人进行后场严格监控。

(3)虚铺厚度检测。

摊铺后每20m检测一个断面,尤其是罩面,每断面检测3点,并做好记录,有异常情况应及时调整。

(4)宽度的检测。

摊铺后及时检测宽度,并及时整理资料,尤其是有沥青砂拦水带、无拦水带、加宽段、桥面、中央分隔带开口等不同宽度的具体段落,以便准确而足量计量。

6. 沥青混合料的压实

混合料摊铺后应立即进行压实作业。压实分为初压、复压和终压(包括成形)3个阶段,如图5-10所示。

a)　　　　　　　　　　b)　　　　　　　　　　c)

图5-10　沥青混合料压实
a)初压；b)复压；c)终压

(1)一般初压采用自重大于11t的振动钢轮压路机,压2~3遍；复压采用自重大于25t的轮胎压路机,压实不少于4~6遍；终压采用自重为6~8t的钢轮式压路机,压实遍数不宜少于2遍。

(2)压路机不得在未碾压成形或冷冻的路段上转向、制动或停留。同时,应采取有效的措施,防止油料、润滑脂、汽油或其他杂质在压路机操作或停入期间落在路面上。

(3)在沿着缘石或压路机压不到的其他地方,应采用振动夯板、热的手夯或机夯将混合料充分压实；已经完成碾压的路面,不得修补表皮。

(4)碾压应以路中心线的一侧向另一侧过渡,且第二轮应重叠碾压前一轮40cm左右。碾压长度以30~50m为宜,前进时,第一次尽量靠近摊铺机,且使轮迹呈"梯形等距状"分布,后退时应按原碾压路线(轨迹)返回。碾压时,因喷水和时间关系而导致先碾压的路面降温较快,故复压和终压的顺序均应按"从路的中心线一侧向另一侧过渡"的方式碾压,以确保碾压质量。横向直接碾压应采取"横向切入"的方式,每次切入量为5~8cm。初压完成后,由轮胎式压路机以4~5km/h的速度反复进行碾压,直到消除轮迹为止。

七、养护质量评价

1. 外观检查

(1)表面平整,无泛油、松散、裂缝、粗细集料集中的现象。

（2）表面无明显的碾压轮迹。
（3）接缝紧密、平顺，烫缝不应枯焦。
（4）面层与路缘石及其他构造物衔接平顺，无积水现象。
（5）沥青面层内部及表面的水要排除到路面范围之外，确保路面无积水。

2. 实测项目

压实的沥青路面按现行《公路沥青路面施工技术规范》（JTG F40）要求的方法进行质量验收。

八、安全生产与文明施工

1. 安全生产

认真贯彻"安全第一，预防为主"的方针，并结合《江苏省高速公路养护工程施工安全技术规程》（DB 32/T 1363—2009）要求，组织养护施工，坚决制止违规行为。

结合工程特点，在施工中随时监督检查安全隐患，即时处治，防患于未然，体现"预防为主"的方针。

2. 文明施工

（1）施工单位不得污染路面、桥面，或将生活垃圾抛弃在路面、边坡及桥下；凿除的路面废渣妥善保存，施工结束后清运到指定位置；切割沥青混凝土时须采取有效措施防止污染路面。

（2）对施工用机具、设备应采取严格措施，避免漏油污染路面。若发生路面污染，应在当天收工前用洗涤用品清洗，恢复至原样。

（3）施工现场布置应井然有序，机械设备及小型工具放置在安全围挡区域内。

（4）安全标志清洁、反光清晰、摆设合理。

九、验收与计量

（1）工程完工后按现行《公路沥青路面施工技术规范》（JTG F40）的规定进行验收。
（2）按照投标文件进行工程计量。

十、附表

（1）工程设备报验单（表5-1）。
（2）工程材料报验单（表5-2）。
（3）施工机具、设备报验单（表5-3）。
（4）工程开工申请单（表5-4）。
（5）施工组织设计报审表（表5-5）。
（6）安全技术交底表（表5-6）。
（7）工程项目验收单（表5-7）。
（8）路面维修记录表（表5-8）。
（9）工程计量表（表5-9）。

高速公路江苏段养护工程市段

承包单位：_____　　　　　合同号：_____

监理单位：_____　　　　　编　号：_____

工程设备报验单　　　　　　　　　　　　　　　　　　　　表 5-1

致（驻地监理工程师）_____先生：

下列工程设备经自检符合技术规范要求，报请验证，并准予进场。

附件：无。

承包人：

年　月　日

设备名称			
设备来源、产地			
设备规格			
用途（用在何工程或部位）			
本批设备数量			
设备预计进场日期			

专业监理工程师检查验收意见：

专业监理工程师：

年　月　日

根据合同要求，以上设备（材料）经检查，符合/不符合本合同技术规范要求，可以/不可以进场，在指定工程部位上使用。

驻地监理工程师：

年　月　日

工程材料报验单

表 5-2

致(驻地监理工程师)＿＿＿＿先生：
 下列工程材料经自检符合技术规范要求,报请验证,并准予进场。

 附件:1.材料出厂质量保证书;
　　　2.质量检测报告。

承包人：
年　月　日

材料名称			
材料来源、产地			
材料规格			
用途(用在何工程或部位)			
本批材料数量			
材料预计进场日期			

专业监理工程师检查验收意见：

专业监理工程师：
年　月　日

根据合同要求,以上设备(材料)经检查,符合/不符合本合同技术规范要求,可以/不可以进场,在指定工程部位上使用。

驻地监理工程师：
年　月　日

施工机具、设备报验单　　　　　表 5-3

致(驻地监理工程师)_____先生：

　　下列施工机具、设备已按合同规定进场，请查验签证，准予在工程中使用。

承包人：
年　月　日

设备名称	规格型号	数量	进场日期	技术状况	拟用何处	备注

专业监理工程师检查验收意见：

专业监理工程师：
年　月　日

驻地监理工程师审核意见：

驻地监理工程师：
年　月　日

项目5　薄层热拌沥青混凝土罩面技术

工程开工申请单　　　　　　　　　　　　　　　　　　表 5-4

致(驻地监理工程师)_____先生：
　　根据合同要求,我们已经做好工程的开工前的一切准备工作,现要求该项工程正式开工,请予批准。
　　计划开工日期：_____年___月___日
　　计划完工日期：_____年___月___日

　　附件：施工组织设计报审表　□

承包人：
年　月　日

驻地监理工程师审查意见：

驻地监理工程师：
年　月　日

工程技术部审批意见：

工程技术部：
年　月　日

施工组织设计报审表 表 5-5

致(驻地监理工程师)_____先生：
现报上工程的施工组织设计，请予审查和批准。

附件：施工组织设计(内容如下，但内容不限于此)
    1. 施工进度计划　□
    2. 施工方法、顺序、时间　□
    3. 材料、设备、人员进场计划、资源的安排　□
    4. 项目管理组织设置及人员分工　□
    5. 施工安排和方法总说明　□
    6. 质量控制方法、手段　□
    7. 重点工程施工措施　□
    8. 质量保证体系规划与措施　□
    9. 安全保障体系与措施　□

承包人：
年　月　日

驻地监理工程师审查意见：

承包人：
年　月　日

工程技术部审批意见：

工程技术部：
年　月　日

安全技术交底表

表 5-6

安全技术交底表				编号	
工程名称					
施工单位		交底部位		工序	
安全技术交底内容					
交底人		职务		交底时间	

接受交底人签字：

工程项目验收单

表 5-7

项目名称：

项目类别		开工日期		完工日期	
验收日期					
施工单位					
项目概况					
验收结论					
验收部门（单位）				验收人	
主办部门(单位)意见					

路面养护记录表

表5-8

实施单位			施工负责人	
维修设备			施工日期	
天气	气温：℃；晴（ ）；阴（ ）；小雨（ ）；中雨（ ）；大雨（ ）；下雪/积雪（ ）；无风（ ）；微风（ ）；大风（ ）；狂风（ ）			
病害类型	A.块裂/网裂(m²)；B.坑槽(m²)；C.松散(m²)；D.沉陷(m²)；E.啜浆(m²)；F.拥包(m²)；G.事故损坏(m²)			
养护方法	A.坑塘热补；B.坑塘冷补；C.预防性表处；D.其他：			
材料类型	A.沥青混凝土(t)；B.沥青(kg)；C.沥青混凝土冷补料(t)；D.快速水泥(t)；E.其他			
其他选项	"位置"填写：行1,行2,行3,停；"维修类型"填写：正常,临时,应急；"质量自评"填写：优良,合格,不合格			

选项代码	施工桩号	方向	车道位置	病害类型	养护类型	养护方法	养护数量(m²)	材料类型	评价项目及结果	质量自评
序号										
1										
2										
3										
4										

维修人员：

现场负责人：

签名：　　　　　　　　　　　　　　　　　　　　　　　　　签名：
日期：　　　　　　　　　　　　　　　　　　　　　　　　　日期：

工 程 计 量 表　　　　　　　　表5-9

报验单编号		桩号位置		方向	
项目编号		项目名称		工程量	

计算过程(计算式、草图、几何尺寸)：

承包人：
年　月　日

养护工区现场意见：

签字：
年　月　日

养护工区负责人意见：

签字：
年　月　日

思考题

1. 薄层热拌沥青混凝土罩面适用于哪些常见的病害?
2. 简述薄层热拌沥青混凝土罩面施工工艺流程。
3. 薄层热拌沥青混凝土罩面质量评价的内容有哪些?

项目6 沥青路面桥头跳车的处治技术

任务6.1 桥头搭板脱空注浆施工技术

学习目标

掌握高速公路沥青路面桥头搭板脱空注浆施工技术及养护质量评价。

学习重点

高速公路沥青路面桥头搭板脱空注浆施工技术。

一、注浆法的基本原理

注浆法是指通过钻孔和利用注浆设备,运用液压、气压或电化学原理,通过注浆管将浆液分层均匀地注入地层中,浆液以填充、渗透和挤密等方式排出土颗粒间裂隙中的水分和空气,并占据土颗粒间的空间,使路基孔隙比减小,强度提高。经过一段时间后,浆液将原来松散的土颗粒或裂隙胶结成一个整体,形成一个结构新、强度大、防水性能高和化学稳定性好的结合体,从而达到加固路基的目的。

注浆法用于路基加固时,可根据实际情况采用一种或两种注浆方法,以形成"渗透—充填—置换—挤密—复合防渗补强"的地基。

二、注浆施工主要技术指标

1. 注浆孔的布设与深度

采用变密度布设,(图6-1)为提高线路方向软土水平抗剪水平,紧靠台背处的注浆孔密度为1.5m×1.5m,逐渐向远端减至3.0m×4.5m,共布设298孔,孔深自路面起计10m,要求进入淤泥层4m以上。

2. 成孔方法

注浆钢管结构如图6-2所示。采用73号钻头回转钻入路堤填土层4.5m后,采用锤击将注浆钢管压至10m,利用部分填土层发挥止浆作用,然后利用高压水泵压穿出浆孔外的橡胶薄膜制作的袖阀管。

3. 注浆材料

采用粉细砂(75%过筛粒度≤0.2mm)水泥浆液,水泥为32.5R普通硅酸盐水泥,灰、砂、水质量比为1∶2.5∶1.4,另掺入适量磺化木质素减水剂以减少注浆泵具的磨损。

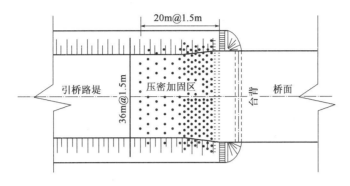

图6-1 压浆孔布置示意图

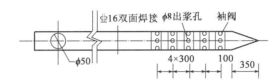

图6-2 注浆钢管结构(尺寸单位:mm)

4. 压浆孔工序

由于压浆过程对淤泥有一定的破坏作用,为避免发生这种现象,必须采取间隔注浆施工顺序;为不影响交通,可分上下行两半幅路面分别进行加固,每半幅路面的压浆孔分3组序次进行压浆。第1、2序次压浆孔距分别大于5.0 m和3.0 m,第3序次为余下的压浆孔,并要求任何相邻两压浆孔时间间隔在24 h以上。

三、施工前准备

施工前准备工作包括:

(1)做好养护施工保通准备工作。

按照相关规范要求,办理高速公路养护施工的保通手续,确保施工安全顺利进行。为了维持高速公路的正常运营,一般进行半幅路面施工。

由于早强砂浆终凝时间较长,终凝之前它的抗扰动性较差,要想保证注浆的质量,应当采用借道行驶的交通管制办法,但这会给施工管理和车辆通行带来不便。在实际施工中,封闭行车道和超车道,拉长作业警戒长度,尽可能将车辆引向停车道行驶,最大限度地减小行驶车辆对注浆搭板部位的扰动。

(2)养护作业控制区布置。

养护作业班组根据批准的施工组织设计,按照《江苏省高速公路养护工程施工安全技术规程》(DB 32/T 1363—2009)要求设置养护作业控制区。

(3)做好原路面的调研评价工作。

对原路面的检测评定除了一般路况调查外,其核心内容是桥头搭板的脱空情况、路堤沉陷量情况、路面沉降情况的调查。

四、施工工艺流程及控制要点

搭板脱空注浆施工工艺流程及控制要点,如图6-3所示。

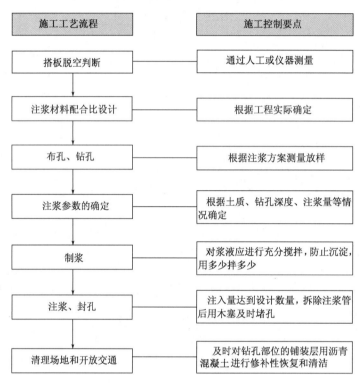

图6-3 注浆施工工艺流程及控制要点

五、施工技术要求

1.搭板脱空判断

利用人工观测法、弯沉法和雷达测定等方法判断搭板下是否脱空。

2.注浆材料选择及配合比设计

注浆方案选择是进行注浆施工前首先要解决的问题,即根据注浆的目的、工程地质条件和工程本身性质等选择最适合的注浆方法和注浆材料。

注浆拌和物的稠度太大,虽硬化后强度高,但可泵性差,容易造成堵管;若注浆拌和物的稠度太稀,则硬化后其收缩量大,不能发挥密贴作用。因此,注浆拌和物配比的确定要根据不同的季节来定。

3. 布孔钻孔

孔位一般布置为行距1m,孔距2m。由于高速公路养护施工属于不中断交通的施工,且紧急停车带基本不脱空,所以注浆孔布设为两行,第一行距桥头1m处,第二行距搭板与路面相接处1m处;共布设5个孔,第一行3个孔,第二行2个孔,呈梅花桩式交错布置;深度一般为钻透搭板后进入路基5~10cm为宜。注浆花管直径宜采用37~42mm,长度为1.5~2.0m。钻孔应准确到位,尽可能减少注浆孔的斜度。

4. 压力注浆参数的确定

(1) 浆液扩散半径的确定。

根据不同土质材料的渗透性能确定注浆扩散半径,如果地质条件复杂难以准确获得时,就应通过现场注浆试验来确定,注浆施工时,可通过调整注浆压力、注浆胶凝时间、注浆量、浆液浓度等参数加以控制。

(2) 注浆压力的确定。

注浆压力值与地层土的密度、强度和初始应力、钻孔深度、位置及灌浆次序等因素有关,宜采用现场注浆试验来确定。通常情况下注浆压力为1~5MPa。

单个注浆结束标准:

①注浆压力逐步升高,达到设计终压并继续注浆10min以上。

②水泥浆注入量达到设计数量,且结束时的进浆量在20~30L/min以下。

注浆路段注浆孔完成后,进行效果检查和评定,不合格者补充钻孔注浆。

(3) 注浆量的确定。

注浆是通过注浆设备和输浆管路,将浆液注入目的层。注浆时,应采用自下而上的方式,分段进行。在注浆顺序上,要按次序施工,先施工边缘帷幕孔,再施工加固孔,当注浆压力达到要求时稳压3min后终止注浆。在注浆过程中,当地面隆起或有跑浆现象时,应停止注浆,分析其原因,对下一个注浆段宜减量注浆,并检查封孔装置和注浆设备等。理论上,正常情况下注入的浆量,应充填到颗粒之间的孔隙中。

(4) 制浆、注浆、封孔。

根据试验确定的配合比选择浆材,制浆时应注意以下几点:

①材料必须准确称量,按程序加料,掌握浆液性能,用多少浆制多少浆。

②浆液应进行充分搅拌,并坚持注浆前不断搅拌,防止再次沉淀,影响浆液质量。

压力注浆是通过注浆设备、输浆管路,将浆液注入目的土层中。常用的注浆方法有自下而上式孔口封闭注浆法和自上而下式孔口封闭注浆法。拆除注浆管后用木塞及时堵孔,以防底层卸压后浆液回流。待浆液终凝后拆除木塞,用水泥砂浆封堵孔口并抹平。

(5) 清理场地,开放交通。

按照步骤完成所有注浆孔的注浆施工后,用水泥混凝土或沥青渣将孔口封住,孔口处有隆起时用铁锤适当削平,然后将施工设备有序地撤走,待达到一定养护标准(一般24h即可)后要及时对钻孔部位的铺装层用沥青混凝土进行修补性恢复,以确保行车安全,并用水对路面进行清洗,保持路容路貌。

六、养护质量评价

1. 交工验收时的检测要求

(1) 平行于行车方向用 15m 线绳进行拉线,检测线绳与路顶面间隙的距离,要求其高差小于或等于 10mm(每块板检查 1 点)。

(2) 用 3m 直尺检测路面要求其平整度≤5mm(每处检查 10 点)。

2. 竣工验收时的要求

对每一跳车地点进行路面沉降观测,要求其最大沉降量≤10mm(每一处观测 1 点)。

注浆法成本低、速度快,对环境影响小,可以提高桥头软地基的承载能力,水泥用量少,适用于无法中断交通的桥头跳车治理施工中,是目前处治已建成公路桥头跳车较理想的方法之一,技术上可行,经济上也十分合理。此外,注浆法还可广泛应用于处治高填方路基病害、软土地基加固、地下溶洞填充处理等。

七、安全生产及文明施工

1. 安全生产

认真贯彻"安全第一,预防为主"的方针,并结合《江苏省高速公路养护工程施工安全技术规程》(DB 32/T 1363—2009)要求,组织养护施工,坚决制止违规行为。

2. 文明施工

(1) 施工单位不得污染路面、桥面或将生活垃圾抛弃在路面、边坡及桥下;钻孔的废渣妥善保存,施工结束后清运到指定位置;钻孔时须采取有效措施防止污染路面。

(2) 施工用的机具、设备应采取严格措施,避免漏油污染路面。如发生路面污染,应在完工前用洗涤用品清洗,恢复至原样。

(3) 施工现场应做到布置井然有序,机械设备及小型工具放置在安全围挡区域内,安全标志清洁、反光清晰、摆设合理。

八、验收与计量

(1) 根据施工工序和原始记录资料,按照报批的施工方案逐项进行验收。

(2) 根据现场确认的记录资料凭证进行工程计量。

九、附表

(1) 养护工程报验单(表 6-1)。

(2) 桥头跳车维修记录表(表 6-2)。

(3) 工程计量表(表 6-3)。

高速公路江苏段养护工程市段

承包单位：_____　　　　　合同号：_____
监理单位：_____　　　　　编　号：_____

养护工程报验单　　　　　　　　　表 6-1

致养护工区：
根据养护作业通知单的要求,已完成,并经自检合格,报请查验。
附件:1.质量自检资料(报查); 　　　2.工程量计算资料。   　　　　　　　　　　　　　　　　　　　　　　　　　承包人: 　　　　　　　　　　　　　　　　　　　　　　　　　　　年　月　日

养护工区查验结果：□优良　□一般　□整改

项目编号	项目名称	桩号	方向	申报 工程量	验收 工程量	质量描述及意见

养护工区现场监管人员意见：
      　　　　　　　　　　　　　　　　　　　　　　　　　签名: 　　　　　　　　　　　　　　　　　　　　　　　　　　　年　月　日

养护工区负责人意见：
      　　　　　　　　　　　　　　　　　　　　　　　　　签名: 　　　　　　　　　　　　　　　　　　　　　　　　　　　年　月　日

桥头跳车维修记录表　　　　　　　表 6-2

实施单位			施工负责人		
维修设备			施工日期		
天气	气温：　　℃;晴(　);阴(　);小雨(　);中雨(　);大雨(　)				
序号	施工桩号	脱空位置	脱空高度	钻孔数量	钻孔深度	备注

维修人员：	现场负责人：
签名： 日期：	签名： 日期：

工程计量表

表6-3

报验单编号		桩号位置		方向	
项目编号		项目名称		工程量	

计算过程(计算式、草图、几何尺寸):
承包人:　　　　　年　月　日

养护工区现场意见:
签字:　　　　　年　月　日

养护工区负责人意见:
签字:　　　　　年　月　日

任务6.2 桥头跳车处沥青路面的维修技术

掌握高速公路桥头跳车处沥青路面维修技术及养护质量评价。

高速公路桥头跳车处沥青路面维修技术。

一、适用范围

因沥青路面本身的原因产生的桥头跳车现象,可以采用铣刨后加铺环氧树脂沥青混合料的方法进行处理。

二、工艺流程

对于桥头跳车处沥青路面的维修,一般方法是,铣刨桥头路面,加铺沥青混凝土消除沉降差异,使路面纵、横向平缓过渡。

工艺流程如下:

施工准备→摆放安全标志→测量放样→铣刨沥青路面→端头处理→清理、洒布黏层油→底层检测,挂钢线→检查沥青混合料→摊铺沥青混合料→压实→初期养护、开放交通。

三、施工技术要求

1. 准备工作

高速公路作业须在保证畅通的情况下进行,须做好以下准备工作:

(1)施工队人员必须具备高素质,有足够的工作经验,并经严格培训具备一定安全知识。

(2)主材为沥青混凝土混合料,故原材料要严格把关,按原材料技术规范进行严格检验,不合格不得进场。

(3)准备好各种警示标志、标牌、反光筒、标志服、黄色频闪灯、照明等设施。

(4)对各种施工设备检修好,并储存好必要的配件。以上工作就绪后,提前通知路政人员,做好施工配合工作。为保证施工时高速公路畅通,采取单侧半幅施工。

2. 测量放样

在桥头跳车测量工作中,一般采用相对高程控制,"点阵式"布置高程测量点。有伸缩装置的桥涵构造物布点从伸缩装置起不宜小于50m,无伸缩装置的桥涵从接缝处算起,无伸缩缝的桥梁,虽桥头两端沉降差异值较大,但为减少处理工程量,可铣刨一定厚度的沥青混凝土桥面铺装,既降低处治厚度又减小横向接缝数量,提高路面平整度和顺直度,如图6-4所示。

3. 原路面铣刨

铣刨机械操作人员要严格按标准进行操作,铣刨时起止段接头要尽量铣成一条直线。铣刨机行进要匀平稳,不能随意变换速度,避免中途停顿,如图6-5所示。

图6-4 测量

图6-5 铣刨

4. 接缝处理

纵向接缝上下层之间错位至少200m,横向接缝相邻层次间至少错位1m。接缝处应画线沿割缝面割齐,对铣刨机铣刨不到的边角,用切割机先割裂成豆腐块状,用液压动力钻或空压机镐进行清除至高程。

5. 清扫和洒布黏层油

用吹风机、钢刷对基层进行彻底清扫,在基底彻底清扫干净后,用沥青洒布车喷洒黏层油。喷洒要均匀,无漏洒、无重叠,用量为 $0.3 \sim 0.6 kg/m^2$。在喷洒过程中,应注意对拦水带、路缘石、立柱等采取防护措施,如图6-6、图6-7所示。

6. 沥青混合料的摊铺

当发现沥青混合料外观上油多发亮、油少松散、过火焦竭或温度太低、拌和不匀,有离析现象时,则不能摊铺,应废弃处理;摊铺速度须均匀缓慢,避免忽快忽慢或停机待料现象;调整好摊铺机夯锤振动频率,使初步压实达到85%以上;保证自动布料系统完好,使料的高度平齐或高于螺旋输送轴心位置;摊铺后,人工清除多余混合料,修整平齐,如图6-8所示。

7. 人工找补、修整

摊铺后,人工找补、修整;在横向接缝处,用双钢轮压路机进行横向碾压或成45°斜角错轮碾压。接缝应做到黏结紧密、压实充分、连接平顺,如图6-9所示。

图6-6 清扫

图6-7 喷洒黏层油

图6-8 摊铺混合料

图6-9 碾压

四、养护质量评价

1. 外观检查

在施工过程中,按照新建公路沥青路面要求进行控制。

2. 实测项目

实测项目见表6-4。

实测项目　　　　　　　　　　　　　　　　表6-4

项　目		允　许　偏　差	检 验 频 率	检 验 方 法
表观质量	外观	表面平整、无轮迹、离析、推挤等现象	全线连续	目测
	横向接缝	对接,平顺	每条	目测
	纵向接缝	宽度<80mm;不平整度<6mm	全线连续	目测或用尺量3m直尺
	边线	任一30mm内的水平波动不得超过±50mm	全线连续	目测或用尺量
平整度		新旧路面高差不能超过5mm	每个桥头测2处×10尺	基于马歇尔击实标准密度,T 0924
压实度		≥96%	每个桥头5处	T 0971
渗水系数		≤10mL/min	每个桥头3处	T 0964
抗滑性能	摆值Fb(BPN)	≥45	每个桥头5处	T 0965
	横向力系数	≥54	全线连续	T 0965
	构造深度TD	≥0.60mm	每个桥头5处	T 0961
高程测量		±20mm	每5m个断面	T 0911
厚度		-10%	3个点/每个桥头	钻孔或其他有效方法

五、安全生产及文明施工

1. 安全生产

认真贯彻"安全第一,预防为主"的方针,并结合《江苏省高速公路养护工程施工安全技术规程》(DB 32/T 1363—2009)要求,组织养护施工,坚决制止违规行为。

2. 文明施工

(1)施工单位不得污染路面、桥面或将生活垃圾抛弃在路面、边坡及桥下;钻孔的废渣妥善保存,施工结束后清运到指定位置;钻孔时须采取有效措施防止污染路面。

(2)施工用的机具、设备应采取严格措施,避免漏油污染路面。如发生路面污染,应在完工前用洗涤用品清洗,恢复至原样。

(3)施工现场应做到布置井然有序,机械设备及小型工具放置在安全围挡区域内,安全标志清洁、反光清晰、摆设合理。

六、验收与计量

(1)根据施工工序和原始记录资料,按照报批的施工方案逐项进行验收。

(2)根据现场确认的记录资料凭证进行工程计量。

七、附表

(1)养护工程报验单(表6-5)。

(2)桥头跳车维修记录表(表6-6)。

(3)工程计量表(表6-7)。

高速公路江苏段养护工程市段

承包单位：_____　　　　　合同号：_____

监理单位：_____　　　　　编　号：_____

养护工程报验单　　　　　　　　　　　　　　　　　　　表 6-5

致养护工区：
　　根据养护作业通知单的要求,已完成,并经自检合格,报请查验。

　　附件：1.质量自检资料(报查)；
　　　　　2.工程量计算资料。

承包人：

年　月　日

养护工区查验结果：□优良　□一般　□整改

项目编号	项目名称	桩　号	方　向	申报工程量	验收工程量	质量描述及意见

养护工区现场监管人员意见：

签名：

年　月　日

养护工区负责人意见：

签名：

年　月　日

桥头跳车维修记录表　　　　　　　　表6-6

实施单位		施工负责人	
维修设备		施工日期	
天气	气温：　℃;晴( );阴( );小雨( );中雨( );大雨( )		

序号	施工桩号	脱空位置	脱空高度	钻孔数量	钻孔深度	备注
1						
2						
3						
4						
5						

维修人员：	现场负责人：
签名： 日期：	签名： 日期：

工程计量表

表6-7

报验单编号		桩号位置		方向	
项目编号		项目名称		工程量	

计算过程(计算式、草图、几何尺寸)：

承包人：
年　月　日

养护工区现场意见：

签字：
年　月　日

养护工区负责人意见：

签字：
年　月　日

思考题

1. 简述桥头跳车注浆工艺的流程。
2. 简述桥头跳车处沥青路面维修的流程。
3. 桥头跳车养护质量评价的内容有哪些？

项目7 沥青路面热再生

任务7.1 沥青路面就地热再生

学习目标

掌握高速公路沥青路面就地热再生技术及养护质量评价。

学习重点

高速公路沥青路面就地热再生技术。

一、就地热再生技术概念

沥青路面就地热再生技术源于20世纪中叶,是近20年在世界发达国家逐步趋于成熟的一项路面养护施工的新工艺,它是一种修复破损路面的施工工艺过程,它主要包括对原有沥青路面进行"加热—铣刨—添加沥青再生剂及新集料—收集搅拌—摊铺—压实"等6个过程,它能解决与基层承载力或路面结构无关的路面病害,如车辙、龟裂、松散、摩擦系数下降、泛油、纵横向裂纹、反射裂纹、平整度下降、坑洞、剥离等路面病害。与传统的翻新沥青路面方法相比,就地热再生技术具有诸多优势。

就地热再生是一种预防性养护技术,它是采用专用的就地热再生设备,对沥青路面进行加热、铣刨,就地掺入一定数量的新沥青、新沥青混合料、再生剂等,经热拌和、摊铺、碾压等工序,一次性实现对表面一定深度范围内的旧沥青混凝土路面再生的技术。它可分为复拌再生和加铺再生两种。

1.复拌再生

复拌再生是指将旧沥青路面加热、铣刨,就地掺入一定数量的再生剂、新沥青、新沥青混合料,经热态拌和、摊铺、压实成形。掺入的新沥青混合料比例一般控制在30%以内。

2.加铺再生

加铺再生是指将旧沥青路面加热、铣刨,就地掺入一定数量的新沥青混合料、再生剂,拌和形成再生混合料,利用再生复拌机的第一熨平板摊铺再生混合料,利用再生复拌机的第二熨平板同时将新沥青混合料摊铺于再生混合料之上,两层一起压实成形。

沥青路面热再生采用道路石油沥青作为再生结合料,必要时掺入再生剂。同时,宜在10℃以上气温条件下进行施工。

就地热再生设备工作原理图,如图7-1所示。

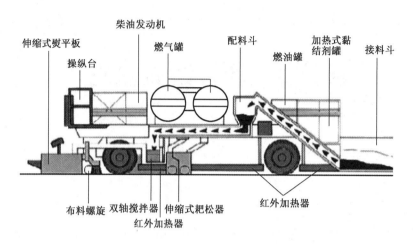

图 7-1 就地热再生设备工作原理图

二、就地热再生的适用范围

就地热再生适用于仅存在浅层轻微病害的高速公路及一、二级公路沥青路面表面层的就地再生利用,再生层可用作上面层或中面层。沥青路面就地热再生,其再生深度一般为 20~50mm。

三、就地热再生的主要功能

(1)修复沥青路面表层病害。
(2)恢复沥青表面层物理力学性能。
(3)恢复沥青路面平整度,修复沥青路面车辙。

四、就地热再生的特点

1. 优点

(1)实现了就地沥青路面再生利用,节省了材料运输费用。
(2)施工对道路正常交通的影响小。
(3)可以修正原路面的级配组成,修正了表面破坏。
(4)改善纵断面、路拱和横坡。

2. 缺点

(1)再生深度通常限制在 2.5~6cm。
(2)无法除去已经不合适进行再生的混合料,级配调整幅度有限。

五、就地热再生基本工艺流程

沥青路面使用一段时间后,沥青路面面层沥青混合料的强度和性能会下降,路面出现车辙和微型裂纹,这时如果对沥青路面面层进行就地再生维修,将会大大提高路面的使用寿命,沥青路面就地再生维修即就地恢复沥青混合料的路用性能。因此,当再生维修(如加热,铣刨)时,应尽量减少对原沥青混合料的级配和材料的破坏,同时根据沥青混合料的破坏程度适时的掺入适量的添加剂和再生剂,使再生维修后的沥青混合料路面恢复路用性能。这种沥青路面就地再生维修的基本工艺流程如图 7-2 所示,机械设备图如图 7-3 所示。

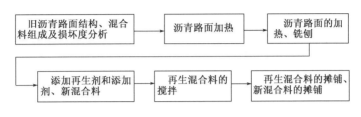

图 7-2　就地热再生流程框图

图 7-3　就地热再生流程机械设备图

1. 原沥青路面结构、混合料组成及损坏度分析

在沥青路面再生维修之前,首先要查阅并掌握原沥青路面结构、混合料组成,其次要分析现沥青路面的损坏情况,为后面制定再生工艺流程、确定再生剂和添加剂的种类及用量等提供必要的依据。

2. 沥青路面加热

沥青路面加热是沥青路面再生的关键工艺流程之一,加热的目的是软化沥青路面,从而减少铣刨对沥青路面混合料组成的破坏。再生沥青混合料的加热温度和效率是决定再生设备工作效率的关键因素之一。影响加热温度的因素有加热方式、路面温度、混合料含水量、环境温度、风速和风向等。而温度过热将会损坏沥青混合料中沥青的塑性和特性,因此不能无限制地提高加热温度。一般情况下,加热板离地面的距离为 80～100mm,路面表层温度应控制在 260℃以下。目前,现有的加热方式有火焰加热、红外线加热、热气加热和微波加热。

加热的基本要求为:

(1)路面表层温度应控制在 260℃以下,沥青表面加热、水汽蒸发、燃料燃烧等产生的烟气须有效控制,避免对人、环境、设备等造成伤害。

(2)提高加热效率,节约能源,缩小沥青路面加热的温度梯度,避免表面过热烧焦而内部加热不透。

（3）加热器加热与加热车行走速度应协调一致，使加热效果最佳。

3. 加热铣刨

沥青路面经过加热后已经软化，但由于加热条件因素和加热、铣刨装置的间隔使路面出现温度不均匀的现象，因此在铣刨耙松前进行再次加热，保证铣刨耙松的混合料达到再生的温度要求。铣刨装置的切削刀具成螺旋线形排列，转子以向下铣刨的方向旋转，在铣刨过程中可保证最均匀的拌合，并且铣刨的混合料连续的由两边向中间输送。铣刨装置通过油缸控制伸缩，改变铣刨的宽度和深度，宽度范围通常为 300~450mm，深度为 20~50mm。

4. 补充添加剂、再生剂及新混合料

沥青路面经过加热铣刨后，由于这时的沥青混合料其原级有一定的破坏，沥青的性能有一定的降低，因此根据再生混合料的要求，经分析后，需在铣刨搅拌或强制搅拌时添加一定添加剂、再生剂及新混合料，一般的添加剂和再生剂有乳化沥青、水泥有机油、纯净水等，添加剂和再生剂的喷洒装置一般安装在铣刨装置上部或再生搅拌锅上部，当要补充再生剂和添加剂时，可打开喷洒系统，喷洒量受到设备前进速度及再生混合料量的控制，整个系统由电子计量装置控制。新混合料是通过倾斜的输送器将料斗内的输送到配料斗内，然后称计量预设定的补充新混合料量，再通过输送器送至搅拌锅内。输送器速度由电子计量装置控制，随设备的工作速度变化而变化，即根据设备的前进速度自动调节输送器的速度和混合料流量。

5. 再生混合料搅拌

再生混合料搅拌分为就地铣刨搅拌和强制搅拌锅搅拌两种。现在的就地热再生设备多用搅拌锅搅拌，铣刨后的沥青混合料由布置在其后面的收料装置，输送到搅拌锅内，保证被铣刨的混合料进入搅拌器进行再生搅拌。搅拌锅一般为双轴搅拌锅，这种双轴搅拌锅长约 2m，装有反转搅拌轴，可确保铣刨的混合料与新混合料、再生剂及添加剂具有良好、均匀的搅拌。搅拌轴通常由液压马达驱动。通常，再生混合料的温度控制在 115℃ 以上。

6. 再生混合料的摊铺

再生混合料经过一定的搅拌后被输送到螺旋布料器上面，搅拌再生的混合料由螺旋布料器输送到熨平板前，经过熨平装置的振捣、振动压实，新的再生路面最终成形。如果再生的沥青路面不能用作最终沥青路面的上面层，可在其上面加铺一层新的上面层。这种再生摊铺由于在热的表面摊铺，保证良好的热黏合。

现在，许多就地热再生设备都配有两个熨平板和螺旋，即在第一个熨平板后面再安装一个熨平板和螺旋，其作用是，可实现双层摊铺，第一个熨平板摊铺再生混合料，第二个熨平板摊铺新混合料，摊铺新混合料通过一定输送装置输送到第二个熨平板及螺旋的前面，可在原有的再生铺层上面加铺新的磨耗层，磨耗层一般为 20mm 左右。采用这种工艺再生路面不但外观美观，而且可以改善路面结构，提高路面质量，但会增加路面的高程。摊铺装置都配有自动找平仪，路面平整度完全可以达到标准要求。

任务7.2 沥青路面厂拌热再生施工技术

掌握高速公路沥青路面厂拌热再生施工技术及养护质量评价。

高速公路沥青路面厂拌热再生施工技术。

一、适用范围

沥青路面厂拌热再生,适用于对各等级公路回收沥青路面材料(RAP)进行热拌再生利用,再生后的沥青混合料根据其性能和工程情况,可用于各等级公路的沥青面层及柔性基层。

沥青路面厂拌热再生可处治面层不平整和裂缝,消除车辙、坑槽和松散等病害,提高行驶质量,恢复路面功能,可对整幅路宽或单车道进行处理。

二、准备阶段

1. 现场工作面要求

(1)现场安全组织参照《江苏省高速公路养护工程施工安全技术规程》(DB 32/T 1363—2009)执行。

(2)按照招标文件和设计文件规定的深度和尺寸用铣刨机将旧路面清除到规定深度,整理出沥青摊铺的下承层,并在沥青摊铺施工之前检查下承层情况,确保下承层无明显病害。如下承层出现病害且影响沥青路面摊铺时,应根据病害的类型进行处理,以满足沥青路面摊铺的条件。

2. 材料要求

(1)沥青再生剂。

应根据回收沥青路面材料(RAP)中沥青老化程度、沥青含量、回收沥青路面材料(RAP)掺配比例、再生剂与沥青的配伍性,综合选择再生剂品种。

在回收沥青针入度标号小于20、大于10,RAP材料的掺配比例不超过20%的情况下,原则上优先使用较高标号的新沥青(A-90、A-110或更高标号)掺配调和。若高标号的沥青在使用地区供应困难时,则考虑使用再生剂。

(2)道路石油沥青。

再生混合料使用的道路石油沥青,以及制作乳化沥青、泡沫沥青使用的道路石油沥青应符合现行《公路沥青路面施工技术规范》(JTG F40)的规定。

(3)集料。

粗、细集料质量应满足现行《公路沥青路面施工技术规范》(JTG F40)的要求。单一的粗、细集料质量不能满足要求,但集料混合料性能满足要求的,也可以使用。

热再生混合料中新旧集料混合后的集料混合料质量应满足现行《公路沥青路面施工技术规范》(JTG F40)的要求。

(4)水泥、石灰、矿粉。

当采用水泥作为再生结合料或者活性添加剂时,可以采用普通硅酸盐水泥、矿渣硅酸盐水泥、火山灰硅酸盐水泥。水泥的初凝时间应在3h以上,终凝时间宜在6h以上,不应使用快硬水泥、早强水泥;水泥应疏松、干燥、无聚团、结块、受潮变质;水泥强度等级可为32.5或42.5。

当采用石灰作为再生结合料或者活性添加剂时,可以采用消石灰粉或者生石灰粉,石灰技术指标应符合现行《公路路面基层施工技术细则》(JTG/T F20)的规定。石灰在野外堆放时间较长时应注意覆盖防潮。

再生沥青混合料中使用的填料的质量技术要求应满足现行《公路沥青路面施工技术规范》(JTG F40)的要求。

三、机械设备要求

根据养护施工规模和组织形式选择适当类型及数量的下列设备。

(1)铣刨机。
(2)间歇式拌和设备。
(3)自卸车。
(4)摊铺机。
(5)双钢轮压路机、轮胎压路机、小型振动压路机或振动夯板。
(6)切缝机。
(7)发电机组。
(8)安全保通设施。
(9)辅助工具:铁板、铁锹、推平板、扫帚、垃圾桶、森林灭火器等。

四、养护施工技术

1. 进场组织

(1)原路面资料收集及分析。

收集原路面设计资料、竣工资料等,一般包括原沥青路面的结构形式,结构层厚度,结构层采用的沥青类型和沥青性能指标,结构层采用的石料类型和石料性能指标。收集原路面通车营运期间的养护资料和路面检测资料,并结合施工资料、竣工资料,分析病害成因。

(2)原路面状况调查及评价。

原路面状况调查应包括路面破损情况、路面平整度及路面承载力,应详细记录其破损的类型、破损程度及破损数量,一般包括:路面状况指数(PCI)、国际平整度指数(IRI)、路面强度系数(SSI)、车辙深度、下承层的承载能力。通过对原路面状况的调查、原路面材料的取样和评价、路面病害成因分析,为再生设计提供依据。

(3)工程施工需要占用行车道的,应当事先通报高速公路交通巡逻警察机构;需要半幅封闭或者中断交通的,高速公路经营管理单位应当编制施工路段现场管理方案,报省交通、公安部门批准,并在施工前一日通过公众媒体和高速公路可变情报板发布施工作业路段名、时间等信息,并在施工路段前方相关入口设置公告牌。

(4)工程施工控制区域布置参照《江苏省高速公路养护工程施工安全技术规程》(DB 32/T 1363—2009)。

2. 施工工艺流程

沥青路面厂拌热再生施工工艺流程如图 7-4 所示。

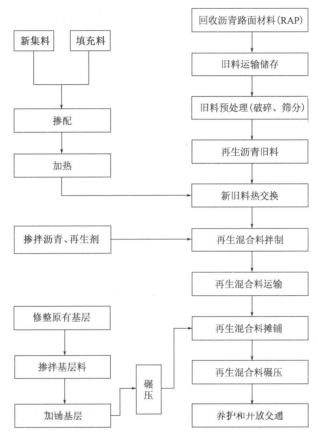

图 7-4 沥青路面厂拌热再生施工工艺流程图

3. 施工技术要求

(1)回收沥青路面材料(RAP)。

①在回收 RAP 之前,应根据原路面调查及 RAP 材料评价结果(沥青含量、老化程度和集料级配分布情况)预先确定铣刨段落,分段分车道回收。

②RAP 的回收宜采用能对层厚自动控制的新型铣刨机进行回收;如果没有精确铣刨机或无须分层回收 RAP 时,也可用普通冷铣刨、机械开挖等方式,应减少材料变异。

③RAP 在回收和存放时不得混入基层废料、水泥混凝土废料、杂物、土等杂质。为避免混入其他结构层材料和杂物,应根据原路面设计资料和抽芯取样的结果确定铣刨厚度,并且在铣刨过程中随时观察 RAP 和铣刨面的外观,发现异常时应及时调整铣刨厚度。

(2) RAP 的预处理和堆放。

现行《公路沥青路面再生技术规范》(JTG/T 5521)规定,不允许直接使用未经预处理的 RAP。RAP 的预处理主要是指 RAP 的破碎、筛分。

(3) 再生混合料拌制。

①厂拌热再生沥青混合料可以选用间歇式拌和设备或连续式拌和设备进行拌制,拌和设备必须具备 RAP 的配料装置和计量装置。使用间歇式拌和设备时,当 RAP 掺量大于 10%,宜增加 RAP 烘干加热系统。

②RAP 料仓数量应不少于 2 个,料仓内的 RAP 含水率应不大于 3%。

③厂拌热再生沥青混合料的生产温度与拌和时间应根据拌和设备的加热干燥能力、RAP 含水率、再生沥青混合料的级配、新沥青的黏温曲线等综合确定,以不加剧 RAP 的再老化,提高生产能力,降低能耗,并生产出均匀稳定的沥青混合料为原则。

(4) 施工过程控制。

厂拌热再生沥青混合料的施工准备、运输、摊铺、压实、养护、开放交通、工程质量控制等,均与不添加 RAP 的热拌沥青混合料一样,按照现行《公路沥青路面施工技术规范》(JTG F40)中对热拌沥青混合料路面的规定进行施工即可。此外,施工过程需要增加对 RAP 的级配和含水率的检查,见表 7-1。

施工过程中 RAP 质量检查　　　　表 7-1

材　料	检查项目	要　求　值	检查频率
RAP	RAP 级配	符合设计要求	每天 1 次
	RAP 的含水率(%)	<3	每天 1 次

由于厂拌热再生沥青混合料含有 RAP,混合料的劲度相对较高,混合料的摊铺温度宜比热拌沥青混合料高 5~15℃,压实温度宜比热拌沥青混合料高 5~10℃。

五、养护质量评价及质量保证措施

1. 养护质量评价

厂拌热再生混合料路面的施工质量检查验收,应符合现行《公路沥青路面施工技术规范》(JTG F40)对热拌沥青混合料路面的规定。

2. 质保措施

(1) 厂拌热再生施工前应进行详细的路面病害调查,将无法适用于厂拌热再生修复工艺的病害进行预处理,以保证厂拌热再生施工质量。

(2) 铣刨后的路面下卧层应进行清扫,并喷洒黏层或透层,以保证再生层与下卧层的良好黏结。

(3) RAP 应严格按照要求进行保管,禁止雨淋和混入泥土杂质等,预热时应充分,保证其中的水分挥发干净。

(4) 应严格控制拌和时间和加热温度,避免拌制的混合料不均匀和局部过热导致沥青再次老化,应避免 RAP 与明火直接接触。

(5) 再生混合料在装料时,自卸车应前后多次移动,保证下料口所出再生混合料多次堆积在车内,避免造成离析现象。运料时应有保温措施,尽量减少温度的降低。

(6)再生混合料摊铺时,应尽量减少摊铺机受料斗的开合次数,螺旋布料器内的再生混合料不应低与2/3高度,避免造成离析现象。摊铺需在要求的摊铺温度下进行,遇大风天或阴天时,应适当升高再生混合料的出厂温度,并在现场采取有效措施减少再生混合料的温度丧失。

(7)再生混合料压实应在规定的温度下进行,避免温度不足时压实对路表再生混合料造成破坏。

(8)压实结束后应继续封闭交通,待路表温度降至50℃以下,方可开放交通。

六、安全生产及文明施工

1. 安全生产

按照《江苏省高速公路养护工程施工安全技术规程》(DB 32/T 1363—2009)要求,组织养护施工,坚决制止违规行为。

(1)认真贯彻"安全第一,预防为主"的方针,根据国家有关规定、条例,结合施工单位实际情况和工程的具体特点,组成专职安全员和班组兼职安全员,执行安全生产责任制,明确各级人员的职责,抓好工程的安全生产。

(2)施工现场应符合防火等安全规定,并采取安全措施保证来往施工人员等的安全,并按规定布置各种安全标记识。

(3)当施工采取单幅分段、分车道、临时性封闭进行施工时,应维护车辆的正常行驶,做好现场交通维护工作,确保施工安全。

(4)每个封闭施工点设不少于1~3名交通管理员,实行不间断值勤,确保施工安全,防止交通事故;养护作业人员不得在控制区外活动或将任何物体置于控制区以外,更不得随意横穿高速公路。

(5)施工现场应做到布置井然有序,机械设备及小型工具放置在安全围挡区域内,安全标志清洁、反光清晰、摆设合理。

(6)施工作业人员须穿着统一的橘红色或黄色套装,管理人员必须穿着带有反光标志的橘红色背心。

2. 文明施工

(1)施工中将产生的废料集中处理,生产生活区修建洁水处理池,所排污水均要达到国家排放标准。

(2)将施工过程中产生的废弃物,按监理工程师要求并结合当地政府将其堆放至指定地点,不得随意丢弃,避免污染。

(3)施工现场人员及车辆不得对原路面造成污染(如油污、锈污),保护好原路面标线。定期检查施工车辆是否漏油,施工现场产生的生活垃圾集中回收,运往指定地点丢弃。

七、计量

严格按照招投标及合同文件规定的工程量清单位进行计价。

八、附表

(1) 工程设备报验单(表7-2)。
(2) 工程材料报验单(表7-3)。
(3) 施工机具、设备报验单(表7-4)。
(4) 施工组织设计报审表(表7-5)。
(5) 工程开工申请单(表7-6)。
(6) 安全技术交底表(表7-7)。
(7) 专项养护工程报验单(表7-8)。
(8) 工程项目验收单(表7-9)。
(9) 专项工程预算表(表7-10)。
(10) 计量支付汇总表(表7-11)。

高速公路江苏段养护工程市段

承包单位：_____   合同号：_____
监理单位：_____   编　号：_____

工程设备报验单　　　　　　　　　　　　　表 7-2

致(驻地监理工程师)_____先生：
　　下列工程设备经自检符合技术规范要求，报请验证，并准予进场。

　　附件：无。

承包人：
年　月　日

设备名称			
设备来源、产地			
设备规格			
用途(用在何工程或部位)			
本批设备数量			
设备预计进场日期			

专业监理工程师检查验收意见：

专业监理工程师：
年　月　日

根据合同要求，以上设备(材料)经检查，符合/不符合合同技术规范要求，可以/不可以进场，在指定工程部位上使用。

驻地监理工程师：
年　月　日

工程材料报验单

表7-3

致(驻地监理工程师)_____先生：

下列工程材料经自检符合技术规范要求，报请验证，并准予进场。

附件：1. 材料出厂质量保证书；
　　　2. 质量检测报告。

承包人：
　　　　年　月　日

材料名称			
材料来源、产地			
材料规格			
用途(用在何工程或部位)			
本批材料数量			
材料预计进场日期			

专业监理工程师检查验收意见：

专业监理工程师：
　　　　年　月　日

根据合同要求，以上设备(材料)经检查，符合/不符合合同技术规范要求，可以/不可以进场，在指定工程部位上使用。

驻地监理工程师：
　　　　年　月　日

施工机具、设备报验单

表 7-4

致(驻地监理工程师)_____先生：

下列施工机具、设备已按合同规定进场，请查验签证，准予在工程中使用。

承包人：

年　月　日

设备名称	规格型号	数量	进场日期	技术状况	拟用何处	备注

专业监理工程师检查验收意见：

专业监理工程师：

年　月　日

驻地监理工程师审核意见：

驻地监理工程师：

年　月　日

施工组织设计报审表 表7-5

致(驻地监理工程师)_____先生： 现报上工程的施工组织设计，请予审查和批准。 　附件：施工组织设计(内容如下，但内容不限于此) 　　　1．施工进度计划　　□ 　　　2．施工方法、顺序、时间　　□ 　　　3．材料、设备、人员进场计划、资源的安排　　□ 　　　4．项目管理组织设置及人员分工　　□ 　　　5．施工安排和方法总说明　　□ 　　　6．质量控制方法、手段　　□ 　　　7．重点工程施工措施　　□ 　　　8．质量保证体系规划与措施　　□ 　　　9．安全保障体系与措施　　□ <div align="right">承包人： 年　月　日</div>
驻地监理工程师审查意见：   <div align="right">驻地监理工程师： 年　月　日</div>
工程技术部审批意见：   <div align="right">工程技术部： 年　月　日</div>

工程开工申请单

表 7-6

致(驻地监理工程师)_____先生：
　　根据合同要求，我们已经做好工程的开工前的一切准备工作，现要求该项工程正式开工，请予批准。
　　计划开工日期：_____年_____月_____日
　　计划完工日期：_____年_____月_____日

　　附件：施工组织设计报审表　□

承包人：
年　月　日

驻地监理工程师审查意见：

驻地监理工程师：
年　月　日

工程技术部审批意见：

工程技术部：
年　月　日

安全技术交底表　　　　　　　　　　　　　　　　　　　　　　　　　表 7-7

安全技术交底表				编号	
工程名称					
施工单位		交底部位		工序	
安全技术交底内容					
交底人		职务		交底时间	
接受交底人签字：					

专项养护工程报验单

表 7-8

致(驻地监理工程师)_____先生：
  根据合同规定,我方已完成了_____工程项目的施工内容,经自检符合合同及设计要求,且技术资料齐全,请予以检查和验收。

  附件:质量自检资料。

承包人：
年 月 日

专业监理工程师检查验收意见：

专业监理工程师：
年 月 日

驻地监理工程师审核意见：

驻地监理工程师：
年 月 日

工程项目验收单　　　　　　　　　　　　　　　　　表7-9

项目名称：

项目类别		开工日期		完工日期	
验收日期					
施工单位					
项目概况					
验收结论					
验收部门（单位）				验收人	
主办部门（单位）意见					

专项工程预算表 表7-10

序 号	名 称	单 位	数 量	单价（元）	金额（元）	备 注
	小计					
	间接费					
	利润					
	税金					
	安全生产费					
	总计					

××单位

表 7-11

计 量 支 付 汇 总 表

汇总时间： 年 月　　　　　　　　　　　　　　　　　　　　　　编号：

序号	项目编号	项目名称	单位	数量	单价(元)	金额(元)	计量表编号
本页小计							

工区负责人：　　　　　　工区审核人：　　　　　　养护队负责人：　　　　　　制表人：

思考题

1. 简述沥青路面就地热再生技术的流程。
2. 简述沥青路面厂拌热再生技术的流程。
3. 热再生技术养护质量评价的内容有哪些?

参 考 文 献

[1] 中华人民共和国行业标准.公路养护技术规范:JTG H10—2009[S].北京:人民交通出版社,2010.
[2] 中华人民共和国行业标准.公路沥青路面养护技术规范:JTG 5142—2019[S].北京:人民交通出版社,2019.
[3] 中华人民共和国行业标准.高速公路养护工程质量检查评定标准:DGT/J 08-2144—2014[S].北京:人民交通出版社,2014.
[4] 中华人民共和国行业标准.公路工程技术标准:JTG B01—2014[S].北京:人民交通出版社,2015.
[5] 中华人民共和国行业标准.公路沥青路面再生技术规范:JTG/T 5521—2019[S].北京:人民交通出版社,2019.
[6] 中华人民共和国行业标准.公路养护安全作业规程:JTG H30—2015[S].北京:人民交通出版社有限公司,2015.
[7] 中华人民共和国行业标准.公路技术状况评定标准:JTG 5210—2018[S].北京:人民交通出版社有限公司,2019.
[8] 江苏省地方标准.江苏省高速公路养护工程施工安全技术规范:DB 32/T 1363—2009[S].江苏:江苏省质量技术监督局,2009.